Kai Labrenz


„Geschichten to Schmunzeln un to högen"
Plattdeutsche Geschichten

Bibliografische Information der Deutschen Nationalbibliothek: Die Deutsche Nationalbibliothek verzeichnet das Buch: „Geschichten to Schmunzeln un to högen" in der Deutschen Nationalbibliothek; detaillierte bibliografische Daten sind im Internet über http: // dnb.d-nb.de abrufbar.

# Kai Labrenz
# „Geschichten to Schmunzeln un to högen"
# Plattdeutsche Geschichten

In den 80ern und 90ern Jahren, habe ich für eine Schleswiger Apothekerzeitung plattdeutsche Geschichten geschrieben. Aus den ca. 140 Geschichten habe ich die 60 besten Geschichten ausgesucht und in diesem Buch zusammengestellt. Einige Geschichten sind mit Zeichnungen und Fotos bebildert. In meiner Kindheit bin ich auf dem Land mit der plattdeutschen Sprache aufgewachsen. Selbst als wir 1971 nach Schleswig umgezogen sich wurde im Elternhaus plattdeutsch gesprochen. Und so war es für mich nicht schwer, diese Sprache in meinen Geschichten zu übernehmen. Die meisten Geschichten habe ich selbst erlebt, einige sind auch frei erfunden. Ich wünsche Ihnen viel spaß beim Lesen der Geschichten.
Kai Labrenz

Copyright by Kai Labrenz, Schleswig 2020
Umschlaggestaltung, Fotos auf dem Cover: Kai Labrenz
Fotos: alle Fotos dieses Buches sind von Kai Labrenz, Ausnahme: das Foto auf Seite 55 (Freigabe: alte Schleihalle).
Herstellung und Verlag: BoD – Books on Demand, Norderstedt
Gedruckt in Deutschland / Printed in Germany
ISBN: 978-3-7526-4498-2.

**Wat hier binnen steiht:**

5

# Geschichten ut Angeln

## Angeln is nich gliek Angeln

Angeln? Warrn Se sik fragen, is doch Fischen oder doch nich? Dat ok, aber Se köönt Angeln ok besöken. Wie schall dat denn gahn? Nu, Angeln is nich blots Fischen an de Slie, ne, so heet unse schöne Landschop. Angeln liggt twüschen de Slie un de Flensborger Föör un geiht na Westen bit hen na den Heerweg twüschen Sleswig un Flensborg. In'n Osten is Sluss an de Oostsee. In ole Tieden weer Angeln ganz däänsch un in'n Noorden warrt hüüt noch veel Däänsch snackt. Vele Dörper hebbt noch däänsche Naams un hebbt an't Enn „by" as Kiesby, Husby, Brodersby oder Klensby, wat soveel heet as Dörp. Angeln is de Övergang vun dat Düütsche in't Däänsche. Man versteiht beide Spraken. Dat Land is fruchtbor, Koorn un Röven wassen veel hier. Angeln is meist en flache Landschop, weer fröher mit veel Wald to sehn. Angeln is so groot as Berlin.

Kennedy hett mal seggt „Ik bün en Berliner" Ik segg „Ik bün en Angeliter". Ok bi uns toovt eenmal in't Johr dat Leven, denn is in Süderbrarup Brarupmarkt. Dat is um Jacobi, noch ehr de Oornt rinkümmt. Ok hebbt wi smucke Hüüs, mit Reetdack, un vele Möhlen dreihen sik bi veel Wind. In männich en See kann man ok angeln in Angeln. So is dat in Angeln.

## Botterfohrt mit Manschetten

Sünnavendmorgen wull ik mal wedder op Botterschipptour. Doch dat keem anners as ik dach. De Navers kregen dat gau mit, dat ik op't Schipp wull. Fiete weer de eerste, de dat spitz kreeg. „Segg mal, Heinz, ik heff höört, du wullst op dat Botterschipp, kannst mi nich en Buddel Rum mitbringen?" „Wenn dat wieder nix is, geiht dat al kloor!" weer mien Antwoort. Uli, de Dokter keem ok anscheten un fraag mi, ob ik em nich en Stang däänsche Glimstengel mitbringen kunn. Sie weren utgahn. Ik dach mi, nu geiht dat los. „Se Ehr Patschenten doon se dat Qualmen verbeden un sülven nich beter!" Bi mien Naverin weer dat franzöössche Parfüm utgahn, se weer doch so scharp dor op, wat ik ehr nich en niege Parfüm mitbringen kunn.

Nu worr dat Tiet, dat dat losgahn schull. All weren se versorgt un wat weer mit mi? Mi harr ik glatt vergeten, ik maak doch nich blots för de annern en Botterschipptour. Denn mutt ik mien Spriet op't Schipp utdrinken un de Zigaretten wegqualmen, dorbi bün ik Nichsmöker. Dat weer ok allens nich dat Richtige. Vör mi stunn en junge Mann mit leddige Hannen. Ik fraag em ,ob he so fründlich weer un een ,twee Taschen för mi dörch den Toll bringt. Ik wull weten worum he nix köfft harr. Do kreeg ik nu Manschetten, he vertell mi, dat he bi den Toll arbeiden dee. „Se bruken keen Angst hebben, ik heff hüüt frie!" so nehm he de Taschen mit. Ik weer fein rut un all werer se tofreden. Dat neegst Mal köönt de Lüüd ehren Kraam sülven besorgen, man spoort sik veel Manschetten.

## Dat Telegramm

De Angeliter Jung Krischan harr nich jüst veel op'n Kasten. Aver sien Vadder Karl wull geern, dat de Jung nu endlich bald sien Föhrerschien maken dee, dormit he mit den Trecker ok op de Straten fohren kunn. Krischan dee em den Gefallen un gung na Sleswig un fung an, den Föhrerschien to maken. Nun schull he de Fohrpröfung maken. Mit sien Vadder harr Krischan kort vörher allens besnackt, dat he en Telegramm schicken schull, wenn he de Pröfung bestahn hett. Na de Pröfung bekeem sien Vadder ok en Telegramm, dor stunn binnen:
„Dörch!" un freu sik op sien Söhn Krischan. „Segg, na, hett de Jung dat doch tatsächlich schafft, den Föhrerschien to maken, nun kann he mit den Trecker op de Straten fohren!".
Vadder leet allens torechtmaken för dat Ankamen vun sien Söhn. Krischan keem anscheten, as de Orgelpiepen stunnen se dor, um Krischan to gratoleren, as he dörch de Döör keem.
„Nu laat dat man na! Ik heff doch "Dörch!", telegrafeert. För dat „gefallen" harr ik keen Geld mehr!" So en Schiet, Krischan is dörch de Pröfung fullen, nu müss he wedder mit sien Fohrrad fohren.

## Fischen an de Slie

Hüüt wullen wi Angeln fohren an de Slie. De Angelutrüsten is komplett. En Angel, Blinker un en poor Wörms, en Buddel Kööm dorv ok nich fehlen. En Platz harrn wi uns al utsöcht. Heinz smeet sien Angel mit Blinker in de Slie, an de tweete worr de Kööm koolt stellt.
Ik nehm mien Wörms an'n Haken un smeet se ok rut. Nu töven, bet en Fisch anbieten dee. Bi Bodderbroot un hitten Tee vergung de Tiet, op eenmal fung de Poos an to wackeln. „Minsch Heinz kiek an, dien Poos wackelt, hest sehn?" „ Ne, wo denn, ik seh nix!". „Na dor, kiek mal hen". Tatsächlich! „Pass op, de geiht glieks ünner!". He trook un trook: „Minsch, ik glööv, dor is en grote Heeek an, so swoor, as he sik trecken lött". Doch wat weer dat, nix mit groten Heek, dat wer en ole Autoreifen. De kunnst woll slecht in de Pann hauen, stinkt bestimmt na afbrennte Gummi. Wi hebbt keen Fisch fungen, aver dorför de Slie en beten reiner maakt. Dat ist doch wat för de Ümwelt, oder?

## Wi fohren to Brarupmarkt

Noch ehr de Ernte kummt, süht man vele Lüüd na Süderbrarup fohren.
Jeder hett sik fein maakt, sien beste Schapptüüch antrocken, man hett sik
hüüt wat vörnahmen. Denn in Angeln is Brarupmarkt. Düt Johr warrt
groot Geboortstag fiert, de Brarupmarkt warrt 425 Johr oolt, dör mööt
wi hen un mitfiern. Karussell un Scheetboden staht op den Marktplatz.
An männicheen Speelbood mit Losen kannst ok wat winnen, wenn du
Glück hest.
En Fohrt mit dat Riesenrad mutt ok sien, dormit du Översicht behöllst.
Vun baven kannst över de ganzen Marktplatz kieken un noch wiet över
Süderbrarup henweg. Is man wedder ünnen un löppt över den Mark-
platz, rüükst du allerhand Feines un kriggst Appetit. Sühst de Lüüd an
Leevkoken un Zuckerstang slicken. Wenn du Hunger op wat Noord-
düütsches hest, gifft dat en Fischbrötchen un en Pils. Wenn di dat to
hitt is kannst ok en Ies slicken. En Runn mit den Autoscooter fohren is
ok ganz lustig, so ganz ahn Föhrerschien. An de Scheetbood wiest sik,
wat man kann un scheet för sien Fru en Buddel Sekt vun de Wand. Nun
gaht wi in't grote Telt, dor is düchtig wat los, hier warrt Musik vun Hand
speelt. Hier warrt dat danzbeen bet to'n Sluss swungen. Wenn dat vörbi
is, gifft dat an't Enn noch en Füerwark, denn is Brarupmarkt vörbi.

# Geschichten ut Deekelsen

## Besöök bi den Landdokter

De Landdokter weer int Feernsehn, nich blots he, ne, unse Heimat Angeln an de Slie ok. As ik mal dörch de Landschop fohrt bün, keem ik ok in Gut Lindauhof vörbi. Dor speelt sik dat Leven vun den Feernseh-dokter af. De Lüüd vun'n Film weren jüst dorbi, en Szeen to filmen. Un mit wat en Technik de Lüüd dor arbeiden, kannst di blots wunnern. Dat Ganze is nich so licht as ik mi dat vörstellen dee. Allens müss stimmen mit Licht un Roh. Mit de Roh hau dat nich ümmer so hen. An den Tuun weren vele Landdokter-Fans.

De Regisseur meen to de nieschierigen Lüüd, „Wenn Se mehr Landdok-ter-Folgen sehn wullen, denn schullen Se nu de Snuut holen", dormit nich noog. De eerste Panne leet nich lang op sik töven. En Tornado fl-oog över dat Filmset, later raas de Angeln-Express vun Kiel na Flensborg dörch de Gegend. „Cut" see de Regisseur daalslaan, dat heet soveel as is nix worrn, „Allens weer gegen uns!" meen he. Ok wenn dat suer weer för de Filmlüüd, nehmen se dat Ganze mit Humor. Nu endlich weer Roh un de Szeen weer in'n Kasten, un wi sehn dat ahn Fehler in't Fernsehn.

## Besöök ut Bölting

Deekelsen un Bölting sünd Partnerstäder. Jedes Johr warrt dat groot fiert. Dütmal schull dat Fest in Deekelsen stattfinnen. An'n Namiddag schull de Krabbenkutter „Paloma" in den Haven vun Deekelsen fastmaken. Sowat harr dat hier nich geven, dat en Kutter vun de Noordsee an de Slie kümmt. För dat Fest worr en grote Telt an de Sliewiesen opstellt. Asmussen, de Kröger, harr richtig veel to doon, um de Lüüd in Stimmung to bringen. De beiden Dörpssheriffs Heitmann un Schließer passen op, dat keen in de Slie rinfallen dee.
Endlich weer dat sowiet, de Krabbenkutter fohr tosamen mit dat Rettungsboot Nis Randers in den Haven vun Deekelsen. Dat weer en Beleevnis in ganz Deekelsen. De Deekelsener Delegatschoon, dat weren Börgermeister Schulte, Landdokter Uli Teschner, Olga Mattiesen un de Krüderdokter Hinnerksen begröten de Gäst ut Bölting. Mit en Waterfontään un Signal vun't Schipp maak de „Paloma" in Deekelsen fast. An Bord weren de Landraat Hinrichs ut Bölting un de Krabbenfischers Uwe, Wilhelm un Jan.
Op de „Paloma" müss eerstmal dat Ankamen fiert warrn. Nadem dat Amtliche erledigt weer, kunn dat Fiern losgahn, dor worr bit an'n annern Morgen dat Danzbeen swungen.
De Krüderdokter keem dat allens en beten markwürdig vör. He harr ok doch noch nich soveel hatt, he weer de Menen. dat de Krabbenfischer Wilhelm em as ut't Gesicht sneden ähnlich seeg, as weer dat sien Twillingsbroder, un dat müss he doch weten. So duun kunn he noch nich sien, dat he sik al duppelt sehn dee. Do müss he eerstmal en Krüderlikör hebben un sien Duuntje utslapen. An'n Morgen gung dat för de Gäst ut Bölting wieder an de Noordsee, in't anner Johr schull dat in Bölting fiert warrn, natürlich ok mit den Krüderdokter.

## Bi den Krüderdokter

In Deekelsen gifft dat nich blots de Landdokter, ne, he hett noch en Mitstrieder, Hinnerksen, en Spezialist för Ogendiagnose, un in ganz Deekelsen bekannt as de Krüderdokter.

He höllt nich veel vun de studeerten Medinziners, vun Sprütten un Tabletten, sien Welt sünd de Krüder ut sien Goorn. Eenmal keem em de Landdokter besöken. Ok bi Hinnerksen heet dat, „De Neegste bidde!". de Dokter gung dörch de dicke Ekendöör. „Ach ne, de studeerte Dokter, wat en selten Gast in mien Krüderpraxis!" höög sik Hinnerksen een. „Moin, Hinnerksen, spotte nich, ik kaam as Patschent na di!" müss de Landdokter togeven. „Ach ne, kann di de Pharmamedizin nich mehr hölpen?, Wat hest denn för Sorgen?" fraag Hinnerksen nieschierig na. „Naja, wenn ik dat blots wüss!", „Kannst in mien Ogen rinkieken?", „Dat heff ik ok noch nich hatt, dat een nich wüss, wat he hett. Na, denn laat uns mal in dien blauen Ogen rinkieken!". „Oh, wat seh ik denn dor, hest du güstern fiert, un nu is dien starke Vitalität hen!". „Segg an, dat hest du in mien Ogen sehn". „Nich blots dat!" weer Hinnerksens spontane Kommentoor. „Wat hets denn noch allens funnen?" fraag Uli ganz sweetig na. „Glieks hest de Büx vull, wat? Ne, dor is nix mehr, ik geev di en beten Lapacho Tee mit. De warrt ut Holtrinnen maakt un helpt, wenn du nich goot toweeg büst. Musst twee Teelöpel Tee in een Liter kaken Water geven, fief Minuten licht kaken laten, föffteihn Minuten todeckt trecken laten, afgeten un över den Dag verdeelt drinken!". „Dat is allens?" fraag de studeerte Dokter na.

"Ja, dat is allens!" vertell Hinnerksen. De Landdokter harr noch en Beed. „Vertell blots keen, dat ik mi bi di Tee haalt heff!". „Is doch Ehrensaak, wenn ik mal wat heff, kaam ik bi di dör de Kökendöör!". So hölpen se sik gegensiedig, de beiden Dokters ut Deekelsen.

## De verkehrte Nootdeenst

Heinz studeer de Zeitung, as ümmer stünn ok dütmal wedder veel Schiet binnen.

He wull sik mal slau maken, wokeen an't Wuchenenn vun de Dokters allens Nootdeenst harr.

Wat weer dat denn? Heinz müss tweemal henkieken, he kunn dat nich glöven wer dor allens Notdeenst maken schull.

„Im Rahmen der Sparmaßnahmen" geev de de Bundsgesundheitsminister to weten, dat ok bi de Wuchenennnootdeeensten vun de Dokters spoort warrn mutt.

He harr för ganz Düütschland en Nootdeenstplaan opstellt:

In'n Norden hett „de Landarzt" Dr. Uli Teschner in Deekelsen Nootdeenst.

Op de Halligen dat „Ärzteteam Nord" in Husum. In Oostfreesland schull

„Dr. Martin" Nootdeenst maken un in Erfurt „Dr. Kleist".

In Berlin Dr. Sommerfeld vun de „Praxis Bülowbogen", in Köln an'n Rhein maakt dat „de Stadtklinik". „Dr. Stefan Frank", de Dokter, den de Fruuns vertruen, hett in München sien Nootdeenst.

In Leipzig mööt de Dokters vun de Sachsenklinik „In aller Freundschaft" Nootdeenst maken.

In Öösterriek hett „de Bergdoktor"
veel to doon, un in de Swattwald
maat Professor Dr. Brinkmann
vun „de Schwarzwaldklinik"
Nootdeenst. Wenn dat allens nich
hölpen dee, geev dat ja noch „Für
alle Fälle Stefanie".
Dormit weer nu in ganz Düütsch-
land de Wuchenennnootdeenstpla-
an opstellt. De Politikers in Berlin sünd nu woll ganz verrückt worrn, un
dat kort vör de Wahlen.
Wat hebbt de vör Tabletten nahmen. Wenn dat nich in de Zeitung
stunn, kunnst dat nich glöven. Dat sünd doch allens Feernsehdokters, de
hebbt vun reale Medizin doch keen Ahnung, un de schöllt Wuchenenn-
nootdeenst maken? Wat hett sik de Bundsgesundheitsminister blots
dorbi dacht? Sowiet is dat nu mit de ehr niege Spoorprogramm, dat
Fernsehdokters Nootdeenst hebbt.
Oder harr Heinz de Siet verwesselt, is dat doch dat Feernsehprogramm
vun hüüt ween? Do keem sien Fru Inge vun't Inkopen wedder torüch.
„Na, Heinz, hest dat Fröhstück fardig?" fraag se nieschierig na. „Ik heff
di ok de niege Zeitung mitbröcht!" un legg se em op den Disch hen.
Heinz keek op dat Datum, ne, dat kunn nich sien, harr he doch in en ole
Zeitung rinluschert, de weer vun'n 1. April. Nu weer Heinz doch verlich-
tert, he kunn sik dat ok nich vörstellen, dat sowat möglich weer.
Dat ganze weer en Aprilscherz, man schull ok nich allens glöven, wat

in de Zeitung binnen
steiht. Kieken wi uns
de Landarzt un co
doch lever in't Feern-
sehn an!
Denn dor höört se
ok hen. Denn mal
veel Spaaß mit unse
Fernsehdokters un dat
Ganze ok noch ahn
Rezept.

## Deekelsen is op keen Landkoort to finnen

Ik weer in Kappeln an de Slie to'n Inkopen henfohrt. Weren vele Touristen in de Stadt um hier söss Urlaub to beleven. Op den Marktplatz keem een ut Bayern an un snack mi mit sien urbayrischen Dialekt an: „Grüß Gott, entschulligen´s bitte, kennen's sie sich hier ein wenig aus?" Ik see eerstmal „Moin", as dat hier bi uns so begäng is. „Ja, ik kenn mi hier sehr goot ut, ik bün hier tohuus, wat söökt Se denn ?" fraag ik nieschierig na. He kunn mi eerst gor nich verstahn, doch mit Hannen un Fööt kregen wi dat hen, wat he wull. „Ich habe hier eine Karte von Angeln un kann den Ort Deekelsen auf der Landkarte nicht finden, könn's mia sagen, wo der Ort genau liegt?" De Mann ut Bayern hett den Landarzt in't Feernsehn sehn un söch nu den Ort Deekelsen. „Se sünd hier merrn op den Marktplatz vun Deekelsen, dor is de Kark wo de Preester Eckholm predigt un glieks nevenan is de Kneipe vun Asmussen!" weer mien spontane Antwoort. „Sind wir nicht in Kappeln?" fraag he mi ganz verbaast na. „Dat höört ok dorto, Deekelsen is groot un en Naam vun den Autor, de he sik utdacht hett un de dat blots in´t Feernsehn gifft!"
„De Feernsehpraxis is in Lindaunis an de Slie, den Naam finnen Se bestimmt op de Koort!" „Tatsächlich hier steht es!" freu sik de Bayer. He weer ganz happy un fohr mit sien Familie dörch de schöne Landschaft Angeln oder weer dat doch Deekelsen?

## En Verwesseln

In Lindauhoff weren de Lüüd vun't Feernsehn wedder dor. För de Serie „De Landarzt", schullen niege Biller opnahmen warrn, Hoochsommer weer, un 35 Grad weren in'n Schadden. De Riddersaal worr to'n Töövruum umbuut, weer ok al vull mit kranke Patienten, so dat buten op de Bank vör de Döör ok noch en poor Lüüd sitten müssen. Merrn in de Produktschoon keem Fotograf Ole anscheten, um hier en poor Biller to maken. „Dat Du de Nees in't Gesicht behöllst, de Oberswester Hildegard vun de Swattwaldklinik is hier!" Jüst in düssen Moment keem Dr. Teschner ut de Döör un reep! „Fru Sellmann!" Se wüss gor nich. wat se nu maken schull.

Hier Fru Sellmann, dor Oberswester Hildegard. „Wi sünd hier doch bi de Landarzt- Produktschoon, dor speel ik doch nich de Oberswester Hildegard!" „Ne, wie kaamt se denn dorop, Se schullen hier de Fru Sellmann spelen un nix anners!" weer vun den Regisseur ut den Riddersaal to hören. „AUS" see he un leep rut. „Wat is hier denn los, wer is dat denn? Ach kiek an, Ole is al wedder dor, nu köönt wi de ganze Szeen nochmal dreihen!"

vertell de Regisseur. „Hier warrt doch de Landarzt dreiht!" wull Ole weten. „Du büst hier richtig bi den Landarzt in Angeln un nich in de Swattwaldklink, dat weetst du doch!".

Ole sett sik ganz ruhig hen un keek de Lüüd vun't Feernsehn to. „Roh bidde, hier warrt dreiht!"

Nu keem de Szeen doch noch in den Kasten. As se fardig weren, maak Ole vun Fru Sellmann noch gau en Foto, oder wer dat doch Oberswester Hildegard?

## Heringsdaag in Deekelsen

Jedes Johr vun Himmelfohrt bet Sünndaag sünd in Deekelsen de Herigs-
daag. Dor is düchtig wat los. An Europas letzten holten Heringstuun in
de Slie finnt de bekannte Prominentenwett statt. Dor kümmt de Börger-
meister, de Landraat un sonst noch een, de meent, en Prominenten to
sien. De Angeliter Museumsbahn dampt vun Deekelsen na Süderbrarup
un torüch. Gaukler, Zauberkünstler, Jongleure un Muskanten sünd op
den Deekelsener Marktplatz. Krüderdokter Hinnerksen hett sik bi de St.
Nicolai Kark en Stand opbuut, un versöcht sien Krüder an den Mann to
bringen. De Landdokter lett sik ok vun den Krüderdokter mit en poor
Tipps versorgen. De beiden Dörpssheriffs Olsen un Paetz passt op, denn
Ordnung mutt sien. De Stammdischbröder vun Deekelsen, hebbt sik bi
Asmussens Kneipe bi dat schöne Wedder na buten op den Marktplatz
hensett, um allens dicht bi to beleven. An den Haven is en grote Festtelt,
dor warrt düchtig dat Danzbeen swungen. So en Fest maakt hungerig,
kannst an de Fischboden schöne Matjes eten. To'n Afsluss an'n Sünnd-
agavend warrt op de Slie en grote Füerwark anmaakt, denn is de Slie in
Flammen, un dat schöne Fest is vörbi. Denn man Tschüüß, bet anner
Johr, wenn dat wedder heten deit, „Heringsdaag in Deekelsen".

## Hinnerksens Auto quietscht

Hinnerksen hett sien ole Swedenauto na de Warksteed to Inspektschoon henbröcht. Gegen Middag klingel dat Telefon bi em, de Autofirma weer dat, he kunn sien Auto wedder afhalen. Hinnerksen haal sien Auto af un fohr dormit na Huus. Wat weer dat? Op enmal fung dat Auto an to quietschen, he kehr um un fohr glieks wedder in de Warksteed. „Wat hebbt jem mit mien Auto maakt? Dat quietscht as en afstaken Swien!" vertell Hinnerksen den Meister Kröger ganz in Raag. „Dat aunn nich sien, ik heff sülven de Proovfohrt maakt un dor quietsch nix!" verdeffender de Meister sien Arbeit. Markwürdig weer dat doch, dach Hinnerksen.
Beide keken se nochmal in den Motor rin, ok dütmol quietsch nix. Hinnerksen fohr wedder na Huus, op halve Heimfohrt fung dat wedder an to quietschen.
Nu harr he de Snuut vull un fohr sien Auto merrn in de Warksteed rin. „Un dat Auto quietscht doch!" vertell Hinnerksen. Nun weren se mit fief Lüüd an dat schöne Auto un all kunnen se nix finnen. Do keem de Katt Minka an. „Kiek di dat an! Wat Minka dor in den Mund hett, en Muus, de sik in'n Motor versteckt harr un ümmer an't Quietschen weer!"
All weren se froh, an'n meisten freu sik Hinnerksen, sien Auto quietsch nu nich mehr.
Nu worr dat Tiet, na Huus to fohren, denn Elke tööv mit en hitten Krüdertee op Hinnerksen.

21

## Rike bi den Landdokter

In den Töövruum bi den Landdokter weren noch en poor Patschenten binnen. Do keem as letzter Buer Ole Hansen an. Dat duer ok nich mehr lang un he weer an de Reeg. „Der Nächste bitte!" höör man ut de Praxis. „Moin Doc!" „ Moin Ole, wat hest för Sorgen?" fraag Uli vörsichtig na. „Ach weetst du, ik bün nich krank!" vertell Ole ganz verlegen. „Ne, du sühst ok nich krank ut!" stell de Landdokter fast. „Wokeen is denn nu krank vun ju?" „Naja, mien Rike kann nich mehr richtig lopen, se humpelt so en beten, ik heff ehr ok glieks mitbröcht!" Uli stutz. „Is dat so slimm, dat se nich alleen kamen kunn? Na, denn haal ehr man rin!" De Dokter gung na den Töövruum. „Dor is jo keen mehr, wo is se denn?" „Ik heff mich nich truut, ehr mit den Töövruum rintonehmen!" „Du hest mi doch vertellt, dat du ehr mitbröcht hest, wo is se denn nu?" fraag de Doc na. „Ik heff ehr buten an den Pahl bunnen!" „Du hest wat?" „Buten an den Pahl bunnen!" „Ne, dat glööv ik nich!" Uli gung na dat Finster un keek na buten. Nu worr em allens kloor. „Dien Rike is en Peerd!" „Ja, heff ik di dat nich al vertellt?" „Ne, dat hest du nich!" „Se schall en poor niege Hoofiesen hebben!" vertell Ole. „Dor büst du bi mi verkehrt, dor musst du na ee Tierdokter hen!" vertell he Ole. „Dor weer ik al, de is nich dor weest, un do dach ik mi, gah na Uli hen, de kann dat bestimmt ok, veel verkehrt maken kannst ok nich!" „Hest recht, Ole, büst ok de letzte Patschent, na denn kumm man mit rut, dormit wi Rike en poor niege Hoofiesen geven köönt!" Is dat nich en nette Dokter, de Landarzt ut Deekelsen?

# Schönes Wuchenenn

In de Landdokterpraxis weren keen Patschenten mehr binnen. „Denn laat uns man för hüüt Sluss maken!" meen Dr. Teschner. „Dat is en feine Idee, Doc, denn man schönes Wuchenenn!" freu sik Swester Britta. Vun wegen schönes Wuchenenn, dach he, he harr Wuchenennnootdeenst. Bi de Tagesschau klingel dat Telefon. Jan, de Fischer ut Moorhöved weer dat. „Moin Dokter!" „Moin Jan, wat kann ik för di doon?" wull Dr. Teschner weten. „As ik de Fisch ut mien Nett halen wull, hett mi en Dösch in den Finger beten!" vertell Jan den Landdoc. „Di hett wat?" fraag de Dokter na. „En Fisch in den Finger beten!" Uli kunn dat nich glöven, dat müss he sik eerstmal ankieken: „Naja, Jan wenn dat so slimm is, bün ik glieks bi di un geev di noch en Tetanussprütt un verbinn di den Finger in Gips!" „Mutt dat allens würklich sien, Uli?" fraag Jan vull Angst na, denn för Sprütten harr he man bannig Angst.
Sünnavendmorgen weer de neegste an't Telefon, de Tüftler Asmus weer dat. „Moin Dokter!" „Moin Asmus, wat maakt dien Erfinnen?" wull de Landdokter weten. „Nu Uli, de is mi hüüt Morgen um de Ohren flagen, dorbi heff ik mi de Finger verbrennt, kannst vörbi kamen un mi en Salv mitbringen?" „Wenn dat allens is, bün ik glieks bi di un bring di de Salv mit!" „Dat is fein vun di, Uli, kannst mi ok glieks en niege Kaffemaschien mitbringen? De is mi hüüt morgen um de Ohren flagen !" „Dat maak ik ok noch, Asmus, aver de Kaffemaschien gifft dat nich op Rezept, de musst du vull betahlen!" „Dat geiht al kloor, Uli!" freu sik Asmus. Op de Rüchtoure klingel dat Handy, dat weer de Buer Jens. „Moin Uli!" „Moin Jens, wat deit di denn weh?" fraag de Dokter vörsichtig. „Ik weer an den Tuun vun mien Koppel, wo de Köh sünd, dor stunnen twee Deerns un wullen vun mi weten ob de Köh ehr wat doon, wenn se över de Weid lopen deen!" „Un wat hest de vertellt!" wull de Landdokter weten. „Nu, ik heff se vertellt, dat mien Köh annern Köh nichts doon, do hauen se mi op de Snuut" „Jens, dor hest du ok sülven schuld, dat kann man ok anners vertellen!" weer de Raat vun den Dokter. „Ik bün sounso in't Auto un bün glieks bi di!" So is dat an't Wuchenenn, kannst al wat beleven, wenn Nootdeenst hest, na denn man schönes Wuchenenn.

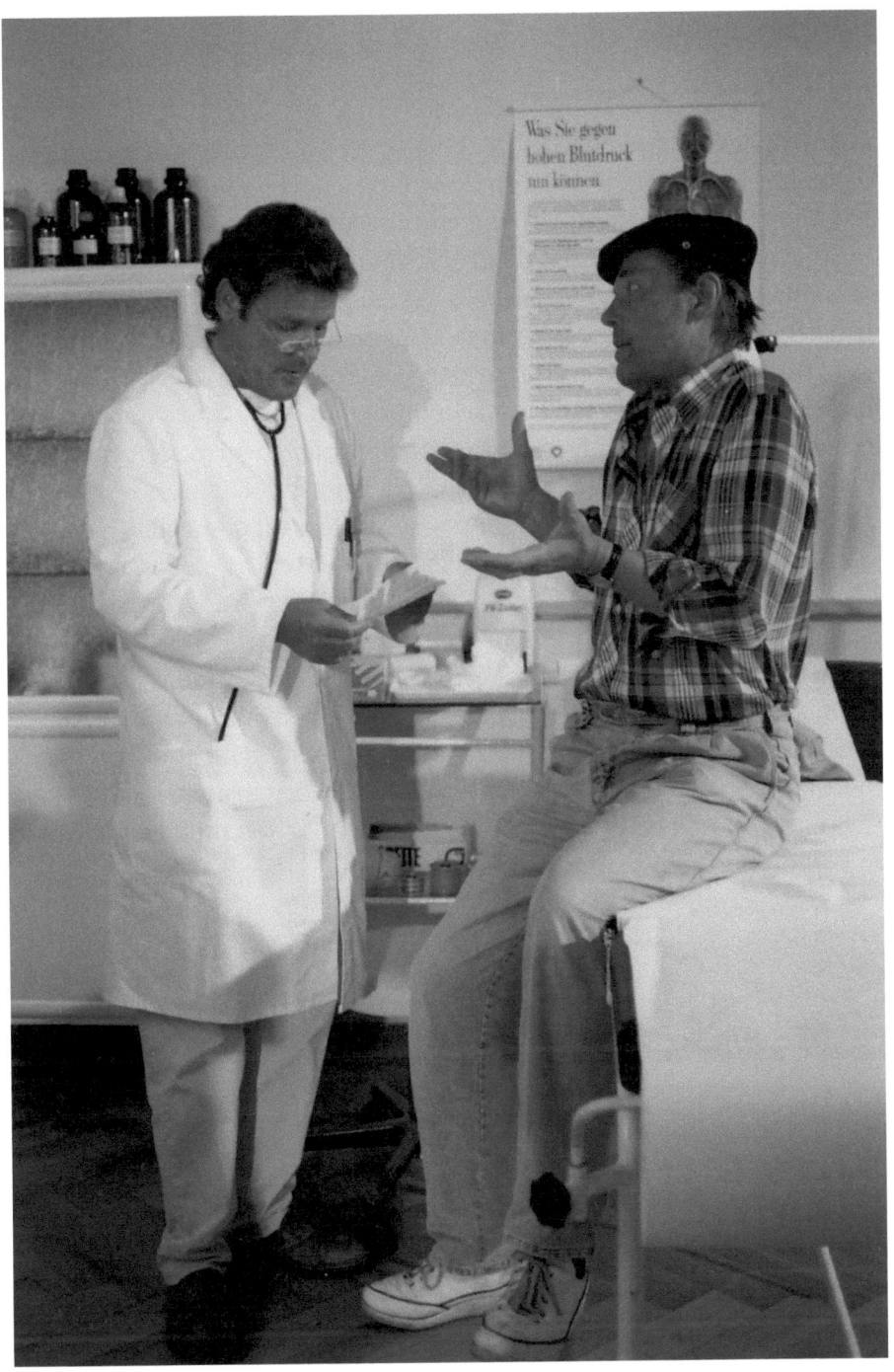

25

## Schrittgeschwindigkeit

In de Königsbergerstraat in Deekelsen dörvst nu blots noch mit „Schritt-geschwindigkeit" fohren.

Dat nehm Fischer Kalle ut Dörp för wohr. He fohr in de Straat rin, maak den Motor ut, haal sik en Afslepplien rut. Nu worr dat gode Stück an de Stöötstang antüdelt, un Kalle trook sien Auto dörch de Straat. De Anwahner keken sik dat Schauspeel an. All Autos, de achter em weren, drücken op de Huup, dat geev en richtiges Huupkunzert. En Autofohrer ahn Gedüer haal över sien Handy den Polizist Olsen. As de ankeem, kunn he nich glöven, wat he dor sehn un hören dee. „Höort doch mal op to hupen, un du Kalle, büst woll kumplett verrückt worrn, den ganzen Verkehr hier lahm to leggen!" fraag Olsen ganz in Raag na.

„Ne, ne ik acht blots op de Verkehrsvörschriften, un dor steiht, "Nur Schrittgeschwindigkeit fahren", dat heet doch soveel as nich mehr as Lopen, oder? Un do dach ik mi, spannst dien Lien vörn an't Auto un treckst dat dörch de Straat, spoorst ok noch Sprit dorbi!", fardig weer Kalle. Olsen kunn kuum war seggen, so platt weer he. „Kalle, du hest ja recht, aver bi Schrittgeschwindigkeit bruukst du dien Auto nich dörch de Straat trecken, blots ganz, ganz langsam fohren, denn stimmt dat al!" Kalle kunn dat nich verstahn, acht man op de Vörschriften, is dat nich richtig, wenn nich, gifft dat Punkten in Flensborg, dat mutt woll allens so kompliezeert sien bi uns in Düütschland.

## Wat mutt dat mutt

Uns Ministerpräsident maak dörch Deekelsen in Angeln en Fohrrad-tour.
He keem bi den Krüderdokter Hinnerksen vörbi, dor kreeg he een, oder weren dat al twee Angler Muck? Gegen Middag wull de Landesvadder wiederfohren. Op eenmal full he vun't Fohrrad, op de Snuut weer he fullen. De rechte Ünnerarm harr en poor Schrammen afkregen. He humpel na de Landdokter-Praxis vun Dr. Uli Teschner hen, de weer ok nich mehr so wiet, dor leet he sik verarzten. De Dokter fraag em „Na, Björn, wie hest dat denn anstellt?" „Nu, ik keek mi unse schöne Landschop an, un keek na achtern un seeg den Groov nich vör mi un binnen weer ik!" „Sülven schuld, wann hest denn dien letzte Tetanusimpfung hatt?" fraag de Landdokter em nieschierig. „Oh, dat mutt lang her wets sien, so in mien Studententiet!" anter de Ministerpräsident en beten bang. „Ja, dat is al lang her, wi mööt di en niege Tetanussprütt verpassen!" so de Raat vun den Doktor. Dat Gesicht vun Engholm weer kriedewitt. „Ja, denn man to, Wat mutt dat mutt" meenehe. Olga Mattiesen maak em de Sprütt fardig, se maak dat mit Freud, eenmal den Landesvadder in'n Sweetkassen sehn. „Aua" un vörbi weer dat. „Stell di nich so an, gifft Slimmeres!" see Olga. Gau worr em de Arm noch verbunnen un fardig weer he. De Landdokter wünsch em noch allesn Gode un he schull in Tokunft ümmer na vörn kieken, nich blots bi't Fohrrradfohren. He leep de Trepp daal un fohr mit sien Auto na Kiel, denn Maandag schull he wedder regeren. Denn mal veel Spaaß.

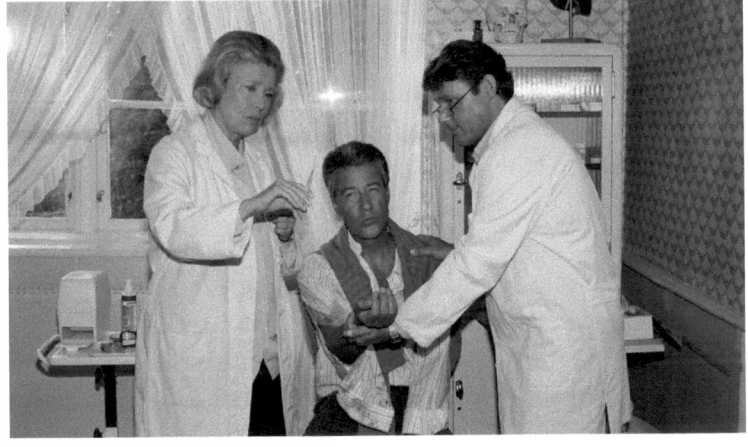

## Twillinge bi den Landdokter

Fru Larson müss mit ehr beiden Jungs Martin un Malte na den Dokter. Malte harr Buukweh un Martin worr sien Hoosten nich los. In den Töövruum bi den Landdokter weren al en Masse Lüüd binnen. Na en Tiet weer dat sowiet; „Der Nächste bitte!" Nu weer Fru Larson mit Malte an de Reeg. „Moin Fru Larson, wat kann ik för Se doon?" fraag de Landdokter ganz besorgt.

„Ach weten se, ik föhl mi ganz gesund, mien Jung Malte maakt mi Sorgen, he hett ümmer wedder Buukweh!" vertell Fru Larson besorgt. „Na Malte, denn legg di mal hen!"

De Dokter föhl Maltes Buuk af. Dat weer ok nich slimm, he harr en lütte Magengripp un kreeg en beten Lebbertraan opschreven un denn weer de Welt bald wedder in Ordnung.

Fru Larson weer beruhigt un gung na den Töövruum. De nächste Patient kunn nu in de Praxis rinkamen. Wat weer dat? Fru Larson keem wedder bi den Dokter rin.

„Na Fru Larson, is noch wat, sünd Se doch krank?" fraag de Dokter nieschierig na.

„Ne, ik büün gesund, mien Jung Martin warrt sien Hoosten nich los!" Nu worr de Dokter stutzig. „Weren Se nich vörhen mit Ehr Jung wegen Buukweh bi mi?" „Ja, dat is richtig, blots dat weer vörhen Malte un dat is sien Twillingsbroder Martin!" verkloor Fru Larson den Landdokter.

„Na, nu is mi dat ok kloor. So, un du büst Martin un hest Hoosten, na, denn sett di man mal op den Stohl hen!" „Ik laat mi blots mit mien Broder ünnersöken!" vertell Martin den Dokter.

„Dann haal em man rin!" Dor seten se beide op dat Bett. De Dokter kunn se beide nu nich mehr utenanner holen. „ wer is denn nu wer??" fraag de Landdokter. „Ik büün Martin, un ik büün Malte!" keem dat bi de beiden rutschaten. De Dokter wull nu Martin afhorken.

„Ne, ik büün Malte un heff Buukweh!" „Ach ja, wie kunn ik dat blots vergeten!" entschüllig sik de Landdokter. Nu endlich worr Martin afhorkt. „Ja, Fru Larson, Ehr Martin hett noch en versleppten Hoosten, ik schriev em Hoostensaft op un in een Wuch müss sien Hoosten vörbi sien!" Fru Larson weer doch verlichtert, dat dat nix Slimmeres weer.

„So, ji Bambusen, för de Gedüer gifft dat för jeden ut de Doos een Bont je!" Malte un Martin halen sik jeder een Bontje ut de Doos un glieks wüss de Dokter nich mehr, wer wer is, so is dat mit Twillingen.

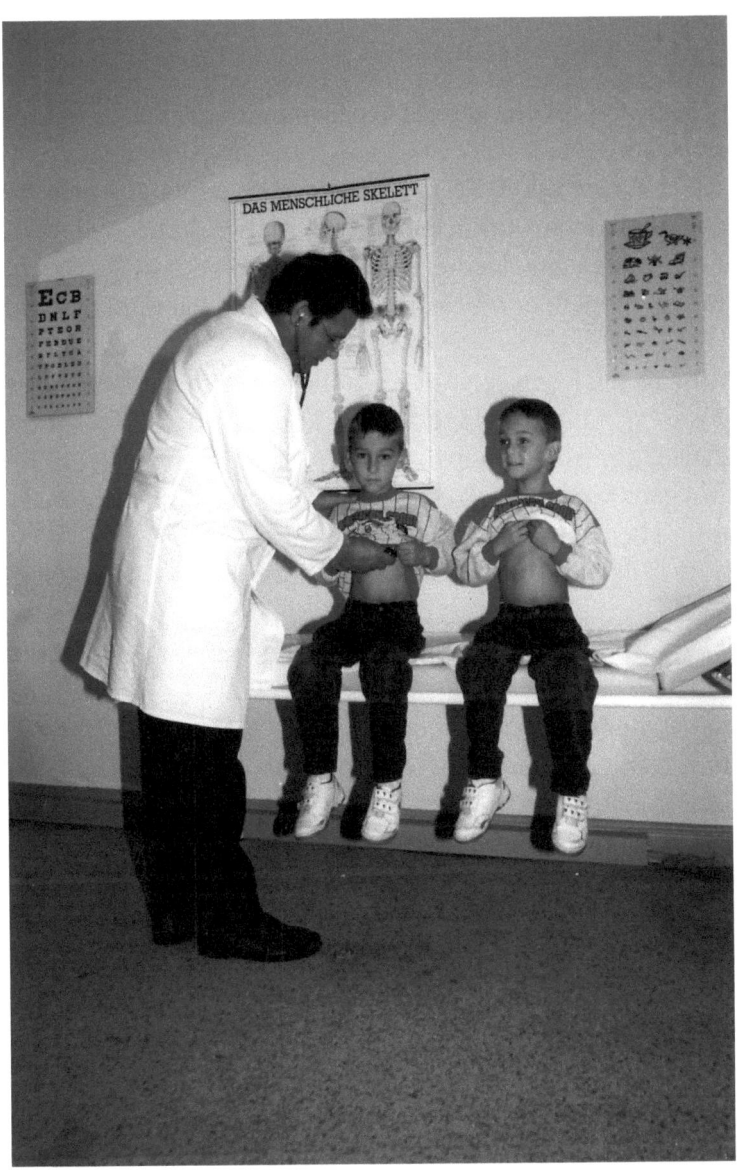

# Geschichten to Schmunzeln un to högen

## An de Tanksteed

Dat gifft Daag, do is bi uns gor nix los. Denn gifft dat Daag, do büst froh, wenn Fieravend is. Hüüt weer so en Dag, dor kunnst menen, de Welt besteiht ut verrückte Lüüd. Keem Buer Jan Hinnerksen mit sien Peergespann an un wull doch würklich de Peerfööt utwucht hebben. Ik dach, de hett woll een an de Pann. Ne ne, he wull blots en poor niege Isen hebben, de olen weren aflopen, dormit kunn ik em doch noch uthölpen.

Na dat Middageten keem een mit so en niemoodsches Auto anfohrt, fraag mi, wat he bi mi Rapsdiesel tanken kunn. Ik meen blots, dor achter is en Rapsfeld, dor is noog Raps.
He keek mi ganz verdattert an. Dat weer sien vulle Eernst, he wull un müss Rapsööl hebben.
In Hamborg is de neegste Ökotanksteed, bit dorhen schaff he dat nich mehr.
He müss bit dorhen mit en poor Liter Salatööl vun'n Supermarkt uthölpen.
Lüüd gifft dat, höllst nich för mööglich.
So kort för Fieeravend kemen twee flotte Käver anfohrt. „Moin, ik glööv mien Motor speelt verrückt," vertell de junge Deern, „ik heff mi den Käver eerst hüüt Morgen köfft!". Se gung na vörn un maak de Motorhuuv op. Ik beluer mi dat Ganze. „Oha, wat is dat? De hett ja gor keen Motor!".
„Hest wull verloren, wat?" meen ik swienplietsch un müss dorbi smuustern.
„Dien Käver hett achtern noch en Ersatzmotor, för den Fall, wenn du den Motor vörn verleren deist, hest dat nich wüsst?" Se kunn dat nich glöven, dat dat sowat geev.
Harr ik ehr nich de Wohrheit vertellt, wörr se dat hüüt noch glöven.
Wenn se nu en Problem mit ehren Käver hett, kümmt se gau vörbi un lett dat maken. Kannst mal sehn, wie verrückt de Welt doch noch sien kann.

## Beren de nich lüchten

Sünnavendvörmiddag klingel dat bi Fiede an de Döör. Sien Naverin Oma Petersen stünn bi em vör de Döör. „Moin, Fiede" „Moin Oma Petersen, wat kann ik för di doon?" fraag Fiede fründlich. „Ik bruuk noch en poor Beren, kannst du se mi vun de Stadt mitbringen?" „Ja, dat maak ik doch geern!" So na den Kaffe gung he los na den Wuchenmarkt to'n Inkopen.

So en Schiet, nu harr se em nich vertellt, woveel Beren se hebben wull. Naja, söss Stück wörrn woll rieken, dach sik Fiede. So kort vör Middag keem he wedder torüch.

Gau wull he bi Oma Petersen de Beren vörbi bringen. As se de Beren seeg, keem se in de Fohrt. „Fiede, dat sünd de verkehrten Beren. Ik bruuk Beren för de Wahnstuuvlamp ,de kann ik woll slecht in de Lamp rindreihen!" „Recht hest du, Oma Petersen!" Do weer Fiede anscheten. Gau swung he sik op den Drahtesel un fohr na den Elektromeister um de Eck.

Fiev Minuten vör Ladensluss kreeg he noch twee 60 Watt Beren för Oma Petersen, dormit se hüüt Avend bi't Koortenspelen nich in't Düüstern sitten mutt. Vun de annern Beren maak se för Sünndagmiddag Berenkompott mit Vanillesooß.

## Bi den Tähndokter

Eenmal in´t Johr musst di bi den Tähndokter sehn laten, wat allens op
de Reeg is, so ok kort vör Oostern. Bit dat sowiet is, müss ik noch in
den Töövruum sitten. Studeer de Blääd vun Glanz un Gloria. Doch wat
weer dat denn? Dor weer en Geräusch to hören, kunnst Angst un Bang
kriegen. Dat höör sik an as en Hilti Bohrmaschien.As ik noch en poor
Hamerslääg höör, worr mi doch en beten mulmig in'n Maag. Dat warrt
doch nich de Tähndokter sien, dach ik. De Döör weer en Spleet apen,
dor leep een mit en Bohrmaschien in de Hand dörch den Flur. Hett de
Dokter sien Arbeitstüüch utwesselt? Nu kreeg ik dat doch mit de Angst.
De Tähnarzthelperin haal mi rut, nu weer dat sowiet, nu worr dat
eernst. Sweetnatt leep ik in de Dokterstuuv rin, in'n Achtergrund weer
ümmer de Bohrmaschien to hören. Do keem ok al de Dokter rin. „Moin
Heinz, wi geiht di dat, wat maken de Tähns?" fraag he un keek mi ganz
besorgt an. „Heinz, wat is los mit di? Di löppt de Sweet daal as weerst du
de Rheinfall in Schaffhausen!" „Ik heff dat Bohren vun en Bohrmaschien
höört, un dach dat weerst du!" „Ach Heinz, dat sünd mien Handwarker,
de schüllt baven in de Wahnung noch en poor Renoverungsarbeiden
dörchföhren, dat mutt bit Oostern fardig sien!". „Na wenn dat so is ,
kannst mit dat Behanneln anfangen!" freu ik mi. Dor weer ok allens in
de Reeg, dat ik gau wedder na Huus kunn, op düssen Schreck müss ik
eerstmal en Eierlikör hebben. Ik kunn mi dat ok nich vörstellen, dat de
Tähndokter mit so en grote Bohrmaschien sien Patschenten behanneln
dee.

## Brüchen in't Anbott

Uwe harr in sien Goorn ee lütte Diek buut. Schöön is he worrn, wat noch fehlen dee, weer an de engste Steed en lütte Brüch, dormit man över den Diek lopen kunn. Jüst keem de Postbaad vörbi un bröch Uwe de Post rin. Oh wat weer dat? dach Uwe. Twüschen de ganzen Breven weer ok en Prospekt mang mit düt Anbott: „Reduzeerte Brüchen in't Möbelhuus Larson!". Uwe weer an't Överleggen, geev dat de Brüchen nu al in't Möbelhuus?

Dat wull he genau weten, nieschierig as he weer, müss he sik dat nu sülven ankieken.

„Moin, Peer" „Moin Uwe, wat kann ik för di doon?" fraag he ganz fründlich.

„Nu Peer, ik bruuk noch en Brüch!" vertell Uwe em. „Oh dat is fein, wi hebbt hier en poor Brüchen in't Anbottt!" vertell Peer ganz stolt. Uwe vertell em vun sien niege Diek in sien Gorn, un dat em blots noch en Brüch fehlen dee. Peer worr stutzig un fraag na. „Du büst doch nich hierher kamen, um en Brüch för dien Diek to kopen?". „Ja, Peer, du hest recht, du hest doch Brüchen in't Anbott, un dor wull ik een vun hebben!" vertell Uwe ganz kloor.

„Oh Uwe dor büst du bi mi verkehrt, ik heff Teppichbrüchen för de Wahnstuuv un keen Holtbrüchen för dien Diek in dien Goorn. Dor musst na den Bumarkt gegenöver hen!".

verkloor he Uwe. He weer an't Överleggen. „Naja, ik heff mi dat al glieks dacht, dat ik bi di keen Brüch för mien Diek finnen kann!". see Uwe ganz daalslaan. Nu gung he röver na den Bumarkt vun Peter Poulsen, dor finnt he bestimmt en stabile Holtbrüch för sien Diek.

## Bordeaux drinken in Paris

Heinz wull al ümmer mal na Paris an de Seine henfohren. Letzten Sünnavend weer in de Zeitung en günstiges Angebot to lesen. „Weekend Törn na Paris" stunn dor binnen.
Heinz mell sik för de Fohrt an, un al bald fohr he mit den Bus na Paris. Minsch, is dat schöön hier in de Seinestadt. Na de Stadtrundfohrt gung he dörch de Stadt spazeren. Dat geev hier veel to fotograferen. En schöne Utsicht hett man vun den Eifeltoorn, en Besöök in den Louvre mutt ok sien. Na den langen Töörn dörch Paris, hett man bald Appetit op en roten Bordeaux un Baguette. An de Boulevardstraat Champs- Elysees geev dat vele Cafés, in een dorvun sett sik Heinz hen un bestell sik wat to eten. Vele Lüüd gungen hier op un daal, hier geev dat veel to kieken, hier speel sik dat Leven af. Gau noch en poor Fotos knipsen, ehr dat wedder mit den Bus na Huus gung. An'n Maandag op de Arbeit warrt meistens vertellt un fraagt, wat man so an't Wuchenenn maakt hett, so ok bi Heinz. „Na Heinz, wat hest an't Wuchenenn maakt? wullen de Kollegen nieschierig weten. „Ik weer an de Champs- Elysees in Paris Bordeaux drinken!" vertell he ganz stolt. Dor wunnerten sik de Kollegen bannig.

## Dat Schapp is weg

De Winter is vörbi, nu geiht dat wedder los mit den Fröhjohrsputz. Dat ganze Huus schull vun binnen wedder smuck utsehn. De Teppich in de Wahnstuuv kunn ok mal reinmaakt warrn.

Doch wo blievt wi mit de Möbel af?. Um de Teppich rein to maken müssen wi eerstmal de Stuuv leddig rümen. Wi holpen Mudder bi't Utrümen. Allens harrn wi in't Huus verstaut, bet op dat grote Schapp. Dor bleev uns nix anners över, as dat wi em na buten op den Börgerstieg henstellen mussen. Dat Wedder weer goot, de Sünn schien ok, dor kunn wiss nix passeren.

Nu kunn de Teppich rein maakt warrn., hüüt weer ok noch Sparrmüll. Bi dat Reinmaken vergung de Tiet gau. As de Teppich wedder rein weer, kunnen wi dat Schapp wedder inrümen. Wi gungen na buten un wullen uns dat gode Schapp rinhalen.

„Dat du de Nees in't Gesicht behöllst! Wo kunn dat blots angahn, wo weer denn dat Schapp afbleven? Dammich noch mal, hüüt weer jo ok Sperrmüll, hebbt se uns doch tatsächlich dat Schapp mitnahmen, hebbt woll glöövt dat weer Müll, uns gode Stück".

Heinz fohr glieks na den Buhoff hen. He harr Glück, dat Schapp weer noch nich in den Schredder rinkamen. Do keem em de Chef ok al in de Mööt. „Moin, ik heff mi dat al dacht, dat Du noch vörbi kummst. Dat Schapp keem mi glieks bekannt vör, dat kennst du doch, dat höört Heinz, dat wull he bestimmt nich in den Müll smieten!". „Wo recht du hest, Fiede, ik heff mi hüüt frie nahmen, um mien Fru bi den Fröhjohrsputz to hölpen". „Wi fohren di dat Schapp ok wedder na Huus torüch!".

„Dat ist fein, denn köönt wi dat ok glieks wedder in de Wahnstuuv stellen, wo dat ok henhöört!"

„Ja, dat maken wi doch geern!" So keem dat Schapp wedder an sien Platz torüch.

## De ole Kaat

Wi köönt uns dat Leven ohn modernste Technik nich mehr vörstellen. Köönt ohn Handy, E-Mail un Computer nich utkamen. To Foot gahn wi al lang nich mehr, is jo bequemer, sik in't Auto to setten un losfohren. Un doch gifft dat en Huus, dor is de Tiet stahn bleven. En lütte ole reetdeckte Kaat, dor wahnen Lüüd binnen, de leven anners as wi.

De hebbt noch keen Heizung, in de Stuuv steiht in de Eck en grote mächtige Kachelaven, dor warrt noch mit Köhlen heizt. In de Köök steiht en Gussaven, dor warrt Middag kaakt un Water för den Kaffe hitt maakt. De Kaffe warrt noch mit de Möhl mahlt, is niix mit moderne Espressomaschien. Wuschen warrt sik in de kole Isenwann, dor kümmt denn hitte Water rin.

De Wäsch warrt op en Waschbrett rein maakt, vun wegen Waschmaschien, dor warrt noch allens mit den Hand maakt. Dat Feld warrt mit en Spann Peer bestellt. Inkopen oder Sünndag de Karkgang, allens warrt mit Peerd un Wagen maakt. De Köh warrn noch mit de Hand molken.

De Mist warrt nich mit en Förderband ruthaalt, ne, mit de Schuufkoor. In'n Harvst warrt de Oornt ut den Goorn in Glääs inmaakt, um för den Winter noog to eten to hebben. Dat sülven backte Brot smeckt ümmer goot.

Düt is en wohre Geschicht ut Angeln. Vör dörtig Johr weren wi Navers. Mien Öllern hebbt domals veel utholpen, un avends worr veel Koorten speelt.

So en Leven kann sik woll hüüt vun den jungen Lüüd keen mehr vörstellen.

## De niege Duden

Heinz hett sik den niegen Duden köfft, man mutt ja weten, woans de niegen Wöör schreven warrn.

Wat du in dien Schooltiet as Schöler verkehrt schreven hest, schall nu na den niegen Duden richtig sien. Heinz gung na'n Böhn hen un söch sien ole Schoolheften ut den stuvigen Kuffer.

In Düütsch harr he ümmer slechte Zensuren. Kiek an, dor sünd se ja, de olen Schoolheften, de Schrift is en beten verblasst, un de Heften sünd ok en beten geel worrn.

Dor leeg noch en Diktatheft rum, Lehrer Petersen harr em dorvör en Fief geven, wegen „falscher Formulierung". Heinz överlegg nich lang un gung na sien ole Lehrer Petersen hen, un wull sik rehabiliteren laten. „Moin, Peter!", „Moin Heinz, kumm rin, wi hebbt uns ja al lang nich mehr sehn!" vertell Lehrer Petersen ganz vergnöögt. „Wat kann ik för di doon, Heinz?" fraag em de Lehrer a.D. en beten nieschierig. „Nu, du kannst veel för mi doon!" schoot Heinz rut. „Denn vertell mal!" wull Petersen weten. Un Heinz fung an to vertellen. „Dat gifft doch nu den niegen Duden!" „Dat is richtig, Heinz!" „Ik heff mien ole Schoolheften ruthaalt un in en Diktat funnen, dor hest mi en Fief för geven, weil ik dor wat verkehrt formuleert heff!"

De ole Mann keek sik dat geelgriese Diktatheft vun Heinz an, dörtig Johr is dat al her, wat löppt de Tiet blots. „Ne, Heinz, de Formfehler is dochn richtig ween, du hest hier Füken statt Schneewehe schreven, du hest hier dat plattdüütsche Woort schreven, un dat is verkehrt!" „Aber beides is doch richtig!"geev Heinz Kontra. „Ja, beides is datsüvige, blots in verschden Spraken, de niege Duden hett nu mal keen plattdüütsche Wöör binen, kannst blots in Hoochdüütsch lesen. Villicht gifft dat ja bald ok en Duden mit niege plattdüütsche Wöör!" vertell em de ole Lehrer. Heinz weer doch tofreden, dat wenigstens beides sachlich sien Richtigkeit harr, bi uns warrt nu mal Platt snackt.

# DUDEN

## Die deutsche Rechtschreibung

Das umfassende Standardwerk
auf der Grundlage
der neuen amtlichen Regeln.

Rund 130000 Stichwörter mit über
500000 Beispielen, Bedeutungs-
erklärungen und Angaben zu Wort-
trennung, Aussprache, Grammatik,
Stilebenen und Etymologie

**24.**
Auflage

**1**

## De ole Schäper

De rode Sünn is al an den Horizont. Op de Bank an den Diek sitt en ole
Man un smöökt an sien Piep. He kickt op't Vörland, höört, wat de Va-
gels musizeren un droömt vun vergahn Tieden. He weer fröher Schäper,
al lang nich mehr hett he sien Heerd.

De blanke Hans hett se em all haalt un nu is he to oolt, um wedder frisch
antofangen un denkt an fröher torüch. He weer föffteihn Johr oolt, as
sien Vadder em mitnehm, vun dor an weer he Schäper worrn. Sien
School weer sien Vadder un de Natur, de domals noch in Ordnung weer.
De Schaap harrn noch noog to'n Freten funnen. De Verkehr weer noch
nich so hektisch as hüüt.

De Luft weer noch rein, man weer tofreden. Denn gung sien Vadder, he
trock alleen dörch dat Land, harr veel vun sien Vadder lehrt. Doch ge-
gen den blanken Hans weer he machtlos, woll jeder hier an de Küst hett
wat verloren. Ok de ole Schäper, nu sitt he hier op de Bank an den Diek,
un droömt vun ole Tieden.

## De Preester un sien Büx

Lütt Hinnerk weer al ümmer en nieschierige Jung, de allens weten wull, he kunn de Lüüd Löcker in den Buuk fragen. As he mal mit Opa to Kark schull, wull he ok veel weten, wat sik dor so allens afspeel. Bi den Sünndagsgottsdeenst fraag lütt Hinnerk sien Opa, „Worum hett de Preester so'n lange Mantel an?" wull he weten. „De Preester hett keen Büx an!" Dat kunn de lütte Jung nich glöven, un sleek sik na vörn na de Kanzel hen. De Preester predig un predig över Gott un de Welt. Lütt Hinnerk weer al an de Stufen un greep ünner den langen Talar, de Preester leet sik nich ut de Ruh bringen. Nu wüss he dat ganz genau, de Preester harr doch een Büx an. Gau stell he sik neven de Preester un predig: „Dormit du dat weetst, Opa, de Preester hett doch en Büx an!" De ganze Gemeende samt Preester müss lachen, dat weer mal en lustige Predigt.

## De Söök na en Parkplatz

Jeden Sünnavendvörmiddag is op den Parkplatz vör den Supermarkt ümmer dat Glieke los, de Söök na en Parkplatz. De Slacht um en Parkplatz kann losgahn. Du fohrst an de Infohrt in en Autostau rin. Jeder söcht un kiekt wo en Platz frie is. Warrt dor nich wat frie? Dor packt een sien Auto vull, de will doch bestimmt glieks rutfohren, töövt wi, bit he fardig is!
Ne, de hett uns anscheten, de geiht nu na den Friseur. Dor, kiek mal, dor kümmt een rutfohrt. Gas geven un rinfohren! Wat is dat, dor keem een anschaten un binnen weer he.
De keem vun vörn rinfohrt. Dat du de Nees in't Gesicht behöllst. An'n Sünnavendvörmiddag en Parkplatz to finnen, is wiss nich licht. Also söökt wi wieder. Laat uns mal achter de Campingutstellung henfohren, villicht is dor wat frie. Schallst di wunnern, dor weer noch wat frie, ne, dat dörv nich wohr sien, nix mit frie, dor weer en lütte Wagen binnen, de kunnst gor nich sehn, so lütt weer de. Nu endlich schullen wi en frien Parkplatz kriegen. Wi mööt uns ok beielen denn in teihn Minuten maakt de Supermarkt dicht. Segg blots, wi hebbt den ganzen Vörmiddag bruukt, um en Parkplatz to finnen? Anner Week kamt wi al an'n Friedag, um an'n Sünnavend en Parkplatz to kriegen.

## In Freesland warrt noch mit Muschelgeld betahlt

Hinnerk wull sik in de graue Stadt an't Meer in Husum en schönen Dag maken. As he in de Stormstadt weer, seeg de Stadt gor nich so grau ut. Dat Wedder wies sik vün sien Sünnensiet. Rund um de Tine an'n Marktplatz toov dat Leven, en Masse Lüüd weren hier togang.
So langsam kunn Hinnerk en Fischbrötchen oder Krabbenbrötchen hebben.
De soltige Luft maak hungerig. An'n Haven weren en Barg Fischboden to sehn. „Moin, ik harr geern en Krabbenbrötchen mit Majo!" weer sien Wunsch. Gau weren se fardig. „Dat maakt dree Muscheleuro!" „Dat maakt wat?" fraag Hinnerk na. „Dree Muscheleuro!" weer de Antwoort vun Fischer Fiede. „Wat is dat denn?" fraag Hinnerk nieschierig na. „Du büst hier in Freesland, un bi uns warrt noch mit Muschelgeld betahlt!"
Hinnerk kunn dat nich glöven. „Nimmst mi ok nich op den Arm?" „Ne, ne, dat is allens richtig!" „Wo kann ik denn hier Muschelgeld kriegen?" wull Hinnerk weten, un fung an to smuustern. „Dor achter is de Fresenbank dor kannst dien Euros in Muschelgeld umtuschen!" Hinnerk gung na de Fresenbank hen, in dat Schaufinster stunn de Kurs binnen. „Geldwechselstelle, hier köönt Se Ehr Euros in Muschelgeld umtuuschen," weer to lesen.
Hinnerk gung in de Bank rin un wull dat genau weten. „Moin, ik wull mien Geld in Muschelgeld umwesseln!" „Ja, dat is fein, woveel wüllt Se denn in Muschelgeld umwesseln?" fraag de Banker na. „Fangt wi eerstmal mit fófftig Euro an!" meen Hinnerk vörsichtig.
„För fófftig Euro kriegen Se fófftig Muscheleuro!" So, nu harr Hinnerk Muschelgeld un kunn sien Krabbenbrötchen betahlen.
Hinnerk dach, wenn ik dat tohuus vertell, dat glöven se mi wiss nich. Fohrt man mal sülven na Freesland, villicht mööt ji ok mit Muschelgeld betahlen. Denn man veel Spaaß un laat jo nix op de Nees binnen.

## Mien Hund un ik

Endlich is Fieravend, wedder is en Dag vörbi, buten is allens in Freden un binnen is dat kommodig. De Vagels sünd al in ehr Nesten, hüüt is bald güstern. Roh kehrt in, de Maand lacht uns an, de Steerns blinkt vun'n Himmel. De Kinner dröömt al lang, de Sandmann weer ok al dor. Jeden Avend so kort vör ölven kiekt mien Hund mit Spürsinn vull Lengen na de Döör hen, un ik kann sien Blick verstahn. Ik mag noch so mööd un kaputt sien, dat mag buten noch so koolt un natt sien, dat nützt nix, wi mööt noch rut an de frische Luft, so as jeden Avend. Kuum sünd wi buten, freut sik mien Hund un springt vör Freud in de Luft. Ik smiet em en Stück Holt vorrut un he söcht un finnt den Ast begeistert un bringt mi em torüch. So bi't Spazerengahn, fraag ik mi, wer hier nu wen föhrt, de Hund oder ik. Een Deel is uns kloor, du musst ümmer mit den Hund rut an de frische Luft, wat uns beiden goot deit.

## Söss Richtige

Man höör de Lottowerbung al in't Radio. In't Lotto weer en Jackpott vun sössteihn Millionen Euro to knacken. Heinz un sien Fru Inge wullen ok ehr Glück versöken. „Wat nehmen wi denn för Tahlen?" fraag Heinz en beten nieschierig „Laat uns man de Geburtsdagstahlen vun unse Enkel nehmen, un wenn de nich langen, nehmen wi unsen noch dorto!" Un fardig weer Inge.

Na en half Stünn weer de Lottoschien utfüllt. Heinz gung dormit na Peter Marxen hin, he hett um de Eck en Kiosk mit en Lottoannahmsteed. „Moin Heinz, na willst ok mal den Jackpott knacken?" fraag he nieschierig na. „Nu, Peter versöken kann man dat ja mal!" geev Heinz retour. „Ja, Heinz, denn man veel Glück!" Nu weer dat sowiet, vör de Tagesschau worrn de Lottokugeln mischt. Inge harr de Lottotahlen opschreven. 2, 4, 8, 16, 32, 48 un 30. „Minsch Heinz, wi hebbt en Sösser, söss Richtige in'n Lotto, haal al mal de Sektbuddeln ut den Keller!" vertell Inge ganz vergnöögt. „Laat mi mal den Lottoschien ankieken, ik kann dat nich glöven, dat wi den Jackpott knackt hebbt!" „Kiek hier, dat sünd de Lottotahlen vun hüüt, de ik opschreven heff!" vertell Inge ganz in Opregen. Heinz keek sik den Lottoschien nochmals genau an un vergleek de Tahlen. „Inge, du tüdelst ja, du hest de Lottotahlen wild dörchenanner opschreven

Wi hebbt woll de söss Tahlen, aver blots in söss verscheden Feller, dormit kann man den Jackpott nich knacken!" vertell Heinz sien Fru. Se weer nu ganz enttäuscht.

„Naja Heinz, villicht hebbt wi ja anner Wuch Glück!" „Ja, Inge, versöken köönt wi dat ja wedder!" Denn man veel Glück anner Wuch.

## Ümmer Arger mit de Flegen

Heinz gung de Straat langs spazeren un keek ganz verbaast in dat Schaufinster vun Peters Laden. Wat is denn mit Peter los? De leep dörch den Laden, as wenn sien Fru achter em her weer, dorbi harr he en Zeitung in de Hand, seker as Verteidigung. Dat maak Fiede doch nieschierig un he wull mal kieken, wat dor los weer. „Moin Peter" „Moin Fiede" keem dat nervt vun Peter torüch. „Segg mal, wat ist denn mi di los?" fraag Fiede nieschierig. „Mi nervt al den ganzen Vörmiddag de Fleeg!" „Na wenn dat so is, geiht dat ja noch, ik dach al, dien Fru weer achter di her!" „So slimm is dat nu ok nich!" vertell Peter. De Fleeg wer nu baven op de Lamp, Peter nehm de Zeitung un hau dor rop. Pech för Peter, de Fleeg weer weg un de Lamp weer hen. Wat en Pech ok. De Fleeg sett sik op de Schiev, Fiede haal ut un hau rop, so dull, dat dat Reklameschild vun de Wand full. Op eenmal keem en Kunn rin, de de Döör apen leet. „Wat is den hier los ? Süht ja ut as op en Slachtfeld!" weer Hinnerks Indruck.

„Ne, ganz so slimm is dat nu ok nich!" weer Peters Antwoort. „Ik ver-söök blots, de Fleeg tofaten to kriegen! „Ik weet gor nich wat du hest, Peter, de Fleeg is vörhen rutflagen as ik ringahn bün!". Segg blots, un ik bring den ganzen Vörmiddag dormit to, de Fleeg to fangen, wenn dat ok so eenfach is!". „Nu musst du eerstmal wedder den Laden in Ordnung bringen, dormit dat ok wedder as Geschäft utsüht!". Un all, de dor we-ren, holpen Peter dorbi, sien Laden wedder flott to maken, so kann dat een gahn bi't Flegen fangen.

# Verkehrsfunk

Heinz un Inge hebbt in Angeln an de Oostsee en Wuchenennhuus, un dor wullen se ehren verdeenten Urlaub tobringen. In Hamborg hebbt se dat Auto mit Anhänger mit en poor Möbelstücken vullpackt, nu kunn dat losgahn. De Fohrt op de Autobahn gung flott vöran, weren vele Autos ünnerwegens. Op eenmal mell sik de Verkehrsfunk ut't Radio: „Hier ist der NDR- Verkehrsfunk mit einem Hinweis. Auf der A 7 Richtung Flensburg befinden sich Möbelstücke auf der Fahrbahn. Um vorsichtige Fahrweise wird gebeten!" „Dor hett woll een sien Schapp nich richtig fasttüdelt!" meen Heinz. De beiden weren ok in ehr Huus an de Oostsee ankamen un wullen den Anhänger utpacken. „Wat weer dat denn? So een Schiet, dat Schapp is weg, Inge, segg blots, dat weer unse Schapp, dat wi in'n Verkehrsfunk höört hebbt!" „Dat mutt he wull!" meen Inge. Heinz fohr gau na de Autobahnpolizei na Schuby hen, um de Polizisten to vertellen dat dat sien Schapp weer, wat se funnen hebbt, As he op den Hoffplatz fohren dee, kunn he dat Schapp al vun wieden sehn. He beluer sik dat gode Stück, heel weer dat noch, stell he fast. „Moin, wat söken Se hier?" wull de fründliche Polizist vun Heinz weten. „Moin, över Verkehrsfunk, heff ik höört dat een sien Schapp verloren hett, ik wull man seggen dat dat mien Schapp is, dat hier steiht!" vertell Heinz den Polizisten. „Na, wenn dat so is, denn nehmen Se man dat gode Stück wedder mit na Huus, ehr wi dat versteigern. „Dor heff ik ja noch mal Glück hatt!" „Ja, dat hebbt se woll, un binnt Se dat goot fast, dormit Se dat nich wedder verleren doot!" vertell em de Polizist, dien Fründ un Hölper.

## Wat is en Nokixel?

Lütt Hinnerk keem ut de School, endlich Wuchenenn, dach he, doch dat keem ganz anners.

Sien Lehrer hett em en knifflige Huusopgaav stellt. Wat is en Nokixel? Schall vun de Schölers lööst warrn. Wie schall ik dat blots lösen, gung em dörch den Koop. Sien Mudder müss dat doch weten. „Mudder, weetst du, wat en Nokixel is?" „Ne, wi kümmst du denn dorop?" wull se weten. „Nu, dat is uns Huusopgaav!" „Wi kann de Lehrer so en verrückte Opgaav stellen, musst töven, bit Vadder weer in`t Huus is, villicht weet he dat ja!". Unnütz wull Lütt Hinnerk ok nich töven, maak sik slau, in Duden un Lexikon, in beide Böker weer nix to finnen, Schiet ok. Vadder keem vun de Arbeit, sett sik in de Stuuv un lees de Zeitung, as Hinnerk ankeem. „Na mien Jung wat hest denn hüüt in de School lehrt?" fraag he. „Weetst Du, wi hebbt dor en knifflige Huusopgaav to lösen!", „Na denn vertell mal!" „Weetst du, wat en Nokixel is?" „Wat wat is?" „En Nokixel?" „Sowat mööt ji weten? Wat hebbt ji blots för mark-würdige Lehrer! „Weetst du dat denn nu?" fraag Hinnerk vull Ungedüer na. „Ne du, dat deit mi leed sowat Niemoodsches hebbt wi nich lehren müss, hest aol in den Duden un in dat Lexikon rinkeken?" „Ja, dor stünn ok nix binnen!" „Bi so'n knifflige Opgaav kunn meist Opa uthölpen, laat uns mal na Opa gahn, de weet dat bestimmt!". meen sien Vadder. Lütt Hinnerk maak sik op den Weg, sien Opa to besöken. „Moin Hinnerk, schöön, dat du mi mal besöken kümmst, wi geiht?" wull he weten. „Wi hebbt en knifflige Huusopgaav to lösen!", „Vertell!" fraag Opa nieschie-rig. „Weetst Du, wat en Nokixel is?" Grodvadder lach. „Dor hett ju de Lehrer en Fangfraag stellt!" „Hest du al in dat Nokixel nasehn?" „Ne, in'n Duden un Lexikon!" „Segg an un hest nix funnen, wat?" „Ik segg di, in dat Nokixel hest du bestimmt ok al rinsehn!" „Wie dat denn?" wull Hinnerk weten. „Hest du Lexikon mal vun achtern na vörn leest?" „Ne!" „Denn maak dat mal un dien Opgaav is lööst!" „Tatsächlich, en Nokixel is en Lexikon in Platt schreven, wat du nich allens weten deist, Opa!" Hinnerk weer froh, dat he sien Huusopgaav fardig lööst harr. He wüss doch ,dat Opa knifflige Opgaven lösen kunn. Nu weten wi all, wat en Nokixel is.

# Familien Geschichten

## De Büxenschieter

As Mudder mit dree Kinner harr man dat wiss nich licht. Dor weer de Grote, de mit sien Buernhof speel. De Lütte maak Middagslaap. Do keen de Dicke na Mudder anscheten, un wull op den Pott. Dor harr sik bi em wat ankünnigt. Nu goot. „Wat mutt dat mutt" meen Mudder. Hölp se em ut de Büx un sett de Dicke o''n Pott. „Büst fardig?" fraag Mudder na en Tiet. „Ja." Wat weer dat? Dor is ja nix in den Pott binnen!" un treck em de Büx wedder an. He harr de Büx wedder an, do güng dat Schieten los in den Büx. So, mien Jung, nu kiek die d, Swienkraam mal an, mutt dat sien? Wat hest du dor maakt, du Swien? In de Büx schietert? Harrst nich töven kunnt un in'n Pott schieten!" Harr sik Mudder opreegt. Se nehm em bi de Hand, gung in de Waschköök, treck em de Büx wedder ut, rin in de Wann Vun dor an weer he en reine Jung. Dat weer em doch en Lehr.

## De ole School

De Grote geiht nu in de School, wat is dat doch för en Fest!
Un malen, schrieven, lesen lehr´n, dat is dat Allerbest!
In de Schooltüüt weer veel bin!
wat to Naschen, un to speeln weer to fin!
He weet nu al en fein Gedicht, kann „i" un „een un een",
He steiht nu morns mit Vader op un wascht sik ganz alleen.
Karl de Buerssöhn wurr sien Fründ he kunn blots Platt snacken
hier in de School müsser he Hochdütsch snacken.
Nu geiht de Grote to School und deit dat bannig geern;
he speelt nich mit de Lütten mehr, he will nu veel leern.
De ole School givt dat schon lang nich mehr siet Johrn!
dor speeln lütte Kinner is nu een Kinnergorn!

## De schöönste Stünn, in'n Sneewinter 1978/79

Siet Wiehnachten full Snee, de starke Oostwind harr al meterhoge Snee-
weihen opbuut. Niejohrsmorgen harr dat ophöört to snien. De Sünn
schien vun den blauen Himmel.

Nun kunn man dat ganze Malöör sehn. Huusmeister Heinz maak mit
de Schüffel de meterhoge Snee weg, sien lütte Sneefrääs schaff dat nich
mehr, dat weer toveel Snee. Ut de Luft worrn de Lüüd op't Land mit Eten
versorgt.

De Straten weren dicht, ok mit de Isenbahn kunn man nich mehr foh-
ren.

Inge, sien Frau, weer in Malente to Reha, geern wull he ehr besöken.

Do keem in't Radio de Naricht, dat de Bahn wedder fohren dee. Heinz
gung to Foot na den Bahnhoff hen, he wull sien Fru in Malente besöken.
Wat later keem de Bahn ut Flensburg. He schull na Kiel un vun dor ut na
Malente. Dat gung langsam vöran, de Lokföhrer müss ümmer wedder
anholen, um de Schieven vun Ies frie to maken.

Um Klock twee weer Heinz in Malente ankamen. Inge freu sik, dat
Heinz ehr besöken dee.

Um Klock dree müss Heinz wedder torüch na Sleswig. De ganze Fohrt
duer noch mal söss Stünnen.

Um Klock ne-
gen weer Heinz
wedder to Huus.
De Kinner harrn
em en warme Eten
fardig maakt.
Ok wenn Heinz
blots een Stünn
bi sien Fru weer,
weer dat för em
sien schöönste
Stünn.

**Drapen in de Sliehall**

Dat weer 1960. Heinz weer Taxifohrer in Sleswig. He harr sien Taxi ümmer op den Sliehallenparkplatz för Kunnen ut de Sliehall, de gau na Huus wullen. In de Paus güng he geern mal rin in de Sliehall. In dat Kap Polonio bestell he sik en Kaffe. Sien Ogen weren ümmer woanners, bi Inge, de bedenen dee. Ehr Smuustern vertöver Heinz. Poor Daag later keem Inge to sien Taxi un fraag Heinz, ob he ehr na Kappeln fohren kunn, dor weer Inge tohuus. Heinz överlegg nich lang un fohr Inge na Kappeln. Op de Fohrt na Kappeln wies Heinz Inge sien Tohuus. Dat weer en gode Gelegenheit, sik neger kennen to lehren. In't Radio weren de Beatles to hören. In Kappeln hebbt beide noch en Kaffe drunken. Vun nu an bröch Heinz Inge öfters na Kappeln. De beiden hebbt sik in enanner verleevt un hebbt in't Fröhjohr 1961 heiraadt, de Grote weer ünnerwegens. In't Radio spelen se dat Leed „Wir wollen niemals auseinandergehen" vun Heidi Brühl. Dat Leed worr ehr Levensmotto.

Fotoarchiv: Alte Schleihalle

## Hummelpietschen

„Hüüt Avend wüllt wi Hummelpietschen", vertell Vadder bi't Avend-brooteten.

„Wat is dat denn, Hummelpietschen?" fraag de Grote nieschierig no.

„Dat is nix anners as Angeln!" vertell Vadder. „Wo schall dat denn hen-gahn to Hummelpietschen?" fraag de Dicke sien Vadder. „Laat uns man hüüt Avend mal na den Bruutsee henfohren!" weer Vadders Vörslag. Dat Angelgeschirr weer al in'n Rucksack inpackt. De Sünn weer noch nich ganz ünnergahn, do kunn dat losgahn.

An den Bruutsee ankamen, worr eerstmal de Angel fardig maakt, en schöne dicke Wattworm worr op den Haken spießt, nu müssen blots noch de Fisch anbieten.

Man tööv bet de Posen wackeln deen, denn harr en Fisch anbeten. Schöön ruhig weer dat an den Bruutsee, de Vagels sungen ehr Avend-leed, Tiet för en Tass Tee. „Dor, kiek mal Vadder, de Poos wackelt wild un dull!" De leet sik ok swoor ut't Water trecken, Minsc, weer dat en groten Fisch, den wi dor an de Angel harrn.

För en Middageeten lang dat allemal, so weer dat mit Vadder sien Hum-melpietschen an den Bruutsee.

## Mit Fohrrad ünnerwegens

Dat weren noch Tieden, as wi fröher keen Auto harrn.
Mien Vedder harr uns to sien Konfirmatschoon inlaadt. Wat bleev uns
anners över, as mit dat Fohrrad to fohren. Dat weren över teihn Kilome-
ter de wi mit Fohrrad fohren müssen.
Wie weren man ja noch lütte Kinner. Bi dat Fröhstück harrn wi uns
stärkt, un los gung dat. Dat Maiwedder weer schöön, de Sünn schien
vun den blauen Himmel, över't Land blöh de Raps in dat schöönste
Geel. Wi fohren vun Ulsnis na Boren in de Kark, vun dor wedder na
Papenfeld, wo fiert worr. Dat Fest kunn anfangen. Wi Kinner hebbt op
den Rasen speelt un toovt. De Öllern hebbt in de Stuuv örnlich fiert un
veel Döntjes vertellt.
De Tiet vergung so gau, bit dat Avend weer. Wi schullen ja noch wedder
na Huus.
Wi hebbt uns wedder op de Drahtesels swungen, un los gung dat.
Mien lütte Swester fullen bald de Ogen to, se weer mööd worrn.
Vadder nehm ehr huckepack, un ehr lütte Rad worr nebenbi schaven..
Dat wi den Rest to Foot gahn sünd. To Huus ankamen, fullen wi all
mööd in't Bett un weren froh, dat wi dat schafft harrn. Weer ja ok en
anstrengen Dag för uns.
Den Morgen gung dat wedder los. Ik schull mit Fohrrad na Taarstedt na
den Dokter un Vadder schull op't Feld, bi dne Buer Schmidt schullrn de
Röven hackt warrn. Allens worr noch mit Fohrrad maakt, Inkopen, to
School oder Arbeit fohren ,so weer dat fröher ahn Auto.
Hüü,t dörtig Johr later, heff ik sülven en Auto, man is bequemer worrn
un maakt veel mehr as nödig deit mit Auto. Man fohrt dormit in'n
Urlaub, besöcht sien Fründin, fohrt to Arbeit un dülven in de Disco to'n
Swofen fohrt man mit Auto. Man schull doch wedder den Drahtesel ut
den Keller ruthalen, un wedder mehr Fohrrad fohren, wat man fröher
veel mehr maakt hett as hüüt, un gesund is dat ok noch.

57

## Op Pingsttour

Dat Pingstwedder wies sik vun sien schönste Siet. De Sünn schien, de Himmel so blau as de Oostsee un de Rapsfeller rüken. Peter un Grete, twee ole Lüüd, wahnen an de Oostsee, ganz baven in Angeln an de Geltinger Birk, dor weren se tohuus. So bit Fröhstücken keem Peter op de Idee: „Laat uns doch op Pingsttour fohren!" „Ja, dat is en feine Idee vun di, dorbi köönt wi Heinz un Inge besöken", meen Grete. En Auto harn se nich, dorför en Peerd, mit Hansi schull dat nu vun Falshöft na Papenfeld op Pingsttour losgahn.

Gau worr wat för de lange Fohrt torechtmaakt, en lütte Picknickkorv un en poor Röven för Hansi dorven ok nich fehlen, un denn kunn dat losgahn. Mensch, is dat schöön, mit Peerd un Wagen dörch de schöne Landschop Angeln to fohren.

Kiek an, wo gau de Autos an uns vörbiruuschen, laat man, wi hebbt Tiet un wiss mehr dor vun.

Gegen Middag weren se ankamen, dat weer en Överraschen för Heinz sien Fru Inge un de Kinner.

„Moin, dat du de Nees in't Gesicht behöllst, Inge, kiek di dat mal an. Peter un Grete kaamt uns besöken!" vertell Heinz ganz verdattert. „Dor staunt ju wat? Wi dachen uns, ju mal to besöken, de warrt sik bestimmt freuen".

„Dat is ju ok glückt, kaamt man, sett ju op de Veranda daal, Hansi kummt op de Weid, dormit he sik för de Rüchfohrt utrohn kann!" Dat geev veel to vertellen. Na de Middag weer en Spazeergang an de Slie anseggt. De eersten Segelscheep weren ok al to sehn. Na den Kaffe weer dat för Peter un Grete ok wedder Tiet, na Huus to fohren.

De Fohrt duer noch en beten länger as mit en Auto. Inge pack noch en beten wat to eten in, denn kunn de Reis na Huus wedder losgahn. Bald worr dat al düüster, de eersten Steerns weren to sehn un bald weren se tohuus ankamen. „Weer dat nich en schöne Pingstdag, Grete?" „Ja, wiss, mien Peter!" Un se seten tofreden op den Kutschbock un freuen sik op tohuus.

## Stapelloop

Heinz weer en begeisterten Hobby-Angler un vele Johren in'n Sport-
vereen.
Ümmer wenn he Hummelpietschen weer, un Heinz Fisch fungen hett,
geev dat middags feinen Fisch. Doch ümmer vun't Land ut angeln weer
Heinz nich noog, en Boot weer jüst dat richtige. Dormit kunn he merrn
in de See angeln. Dat duer ok nich lang mit sien Boot. Georg wull sien
Boot verkopen un maak Heinz en godes Anbott.
Heinz överlegg nich lang, de Pries weer in Ordnung, dat Boot maak en
goden Indruck, nu weer Heinz en stolten Bootsbesitter. Dat Boot müss
eerstmal in den Schuppen rin.
All Angelkollegen, all vöran Georg holpen Heinz, sien Boot wedder flott
to maken.
Sien Fru Inge versorg de Lüüd mit Kaffe un sülven backten Koken.
Dat Boot worr nie teert, kreeg niege Farv un en Naam schull dat gode
Stück ok noch hebben, „Stint" schull dat Boot heten. Na en poor Daag
Arbeit weer dat Boot nu fardig, Stapelloop schull nu sien. Endlich keem
dat Boot to Water, de ganze Angelvereen holp Heinz dörbi.
Heinz maak glieks en Proovfohrt, op den Langsee, dat weer en schönes
Geföhl.

Nu kunn dat Angeln
op See losgahn, anner
Wuch is Herrendag,
dat is de Dag wo Heinz
ümmer op Angeltour
is, un dütmal schull dat
op den Langsee mit sien
Boot sien, na denn man
Petri Heil.

## An de Sliepromenaad

Heinz güng mit sien Fru Inge an de Sliepromenaad in Sleswig spazeren, schöön is se worrn. Dor wo fröher de ole Isenbahn vun de Ooltstadt na den Bundesbahnhoff langfohren dee, fohren hüüt Fohrrööd lang. Ünnen an de Shlie gahn de Footgängers spazeren, deit richtig goot, so en Spazeergang an de Slie.

Vele Bööm hebbt se opstellt, un ok en poor Lampen henstellt, dormit du in't Düüstern nich in de Slie rinfallen kannst. Wer en Paus maken will, kann sik op en Bank hensetten un sik de Segelscheep ankieken. Wat hier noch fehlen dee, weer en Telefonzell, aver de mehrsten Lüüd hebbt ja hüüt en Handy. Op eenmal fung dat an to pingeln, wo keem dat denn her?. „Kiek mal dor Heinz, de hebbt an allens dacht, dor merrn in dat Sliebecken hebbt se en Telefonzell henstellt!"

„Ach Inge, du tüünst doch, en Telefonzell merrn op de Slie, dat warrt nix, de suupt ja af!" meen Heinz. „Aver Heinz, kiek doch mal, dor op de Slie!" vertell Inge.

„Dat du de Nees in't Gesicht behöllst, hebbt se doch würklich en swemmen Telefonzell in de Slie henstellt, un pingeln deit se ok noch!" Blots wie schull man dor nu henkamen, kunn ja en wichtige Gespreek sien. Dor weer ok keen Boot in de Neegde to sehn, womit man henrudern kunn, de harn ja tominnst en Fährverbinnen opstellen kunnt. Dat Pingeln höör nich op. Op eenmal keem dor in'n Galopp en jungen Mann anlopen, he harr hier op de Bank sien Rucksack liggen laten, he wull de swemmen Telefonzell in de Slie fotograferen. Un denn pingel sien Handy, un all menen, dat Pingeln keem ut de Telefonzell.

## Dat Gottorper Slottgespenst

Letzten Sünndag hett Torge ut Veijle dat Sleswiger Landsmuseum Slott
Gottorp besöcht. Vele Schätze kannst hier sehn. Dor geev dat de grote
gotsche Hall, en blaue Saal mit Stuck un Kamin. Kannst sehn oansi
de Neandertaler hier leevt hebbt un Moorlieken kannst ok sehn. In de
Nydamhall is dat grote Nydamboot binnen, för Torge ut Däänmark
en „Highlight". In de Sommermaanden finnen in den Slotthoff jedes
Johr de Slotthoffspele statt. In de Slottkapell mit de Beedstuuv kannst
hüüt ok noch heiraden, wenn du willst, ok op Plattdüütsch. So na twee
Stünnen Ankiektour dör de Kultur in't Slott wull sik Torge mal en Paus
gönnen. He sett sik op den Fürstenstohl rop, do höör he op eenmal so en
markwürdig Geräusch. He dach: na nu! Dat gifft hier doch keen Slottge-
spenster? Hui... Hui... höör he op eenmal, em worr doch en beten bang
um't Hart. Vun Gespenster mit witte Bettlakens weer hier nix to sehn.
Ümmer weer noch dat Geräusch to hören. Torge stunn op, do weer dat
vörbi, he sett sik wedder hen, gung dat Ganze wedder vun vörn los. Nu
beluer he sik den Stohl en beten genauer. Kiek an, dor wer en Deckel op
den Sitzplatz. Ganz vörsichtig nehm de Discher den Deckel hooch, do
fungen de Gespenster wedder an to schriegen. Doch dat weren keen Ge-
spenster, ne, dat weer en Minidisplay, sobald sik een op den Stohl hen-
setten dee, worr dat Gerät inschalt. Neben an weer ok en Schild, dorop
stünn: „Bitte nicht hinsetzen! So en Schiet, dat Schild harr Torge woll
översehn, so geiht dat mit de Lüüd de nich hören wöllt. Dat heet: sett di
nich op Stöhl rop wo du dat nich dörvst, kannst ja dien Klappstohl mit
nehmen un di dor ropsetten.

## De ole Isenbahn

Al lang fohrt de Isenbahn vun Sleswig na Kappeln nich mehr. Ut de ole Isenbahnstreck hebbt se en Fohrrad- un Wannerweg maakt. Kannst mit Fohrrad bit na Süderbrarup fohren, wenn di dat to veel is, kannst ok den Bus nehmen. Op de olen Schienen in Sleswig steiht en grote rode Wahnhuus, un in den Kreisbahnhoff is nu en Hotel binnen. Weren dat noch schöne Tieden, as man mit den Bummeltog, lingelang de Slie fohren kunn. Vele Lüüd sünd mit em fohrt, man is in de Stadt to inkopen weest, de Schoolkinner sünd dormit na School fohrt, un in den Sommer is man dormit to Brarupmarkt na Süder fohrt. Ik sülven bün mal vun Steenfeld na Kappeln mit de Bahn fohrt, heff mien Opa besöcht, schull dor mien Fohrrad afhalen. As ik wedder na Huus fohr, bün ik denn vun Steenfeld na Ulsnis mit't Fohrrad fohrt. Minsch, weer dat schöön, dörch de Landschop to fohren. Ok sünd wi mit de Bahn to Brarupmarkt na Süder fohrt, un sünd avends wedder torüch fohrt. Hüüt gifft dat de ole Isenbohn nich mehr, un nu musst mit dien Auto oder Bus fohren.

## De Sliekieker

Sleswig hett nu en niege Wohrteken „De Sliekieker" en Feernsehtoorn.
Kannst vun baven wiet över de Slie kieken. Dünn is he ja, dat he sik ach-
ter en Handdook versteken kann.
Beten höger as de Sleswiger St. Petri Dom is he ok noch. Du kannst em
mit noch so veel Technik fodern, dicker un grötter warrt he nich mehr,
he is nu utwussen. Dree Plattformen hett de Feernsehtoorn. In de eerste
Plattform sünd Finster binnen, beten lütt sünd se ja würklich. Man mutt
sik eerstmal an dat Ding wennen. Kannst em al vun wieden sehn. So
vun de Tarper Kreisel, oder ok al vun de Isenbahnbrüch in Rendsborg,
ja, vun dor ut kannst em al överall sehn. En Café gifft dat baven nich,
dann musst na den Wikingtoorn fohren. Nachts lüchten op de Spitz
rode Lüchten dormit in'n Düüstern de Tornados ut Jagel nich gegen den
Feensehtoorn flegen doot. Arbeidt warrt hier nich mehr, dat warrt allens
per Computer regelt. De sorgt för en goden Radioempfang un gode
Bild un Toon. He is  nu in Konkurrenz mit dat Slott Gottorp un St. Petri
Dom dat niege Wohrteken vun Sleswig. Na denn man alltiet gode Bild
un Toon.

## De verkehrte Polizist

Ik weer as Komparse bi en Film. In Sleswig worr de Film „Unter anderen Umständen" opnahmen. In de Folg: „Der Mörder unter uns" heff ik en Polizisten speelt. Na de Dreiharbeiden müssen wi de Polizeiunform wedder uttrecken. Op den Weg dorhen keem mi en Familie to Mööt. Se wussen ja nich ,dat ik in en Film as Komparse en Polizisten spelen schull.
Se fragen mi, wat dat en Straaf geev, wenn man de Kinner achtern op den Rücksitz nich ansnallen dee. Ik müss jem eerstmal vertellen, dat ik keen echten Polizist weer, sünnern en Filmpolizist. Ik vertell jem, dat dat doch beter weer, wenn de Kinnner achtern ansnallt sünd oder in'n Kinnersitz mitfohren. So ist dat, Kleder maken Lüüd.

# De Wikingerwedderstatschoon

Al in de Wikingertiet geev dat en Wedderbericht, de ok nich ümmer stimmen dee.
Hüüt keem Rollo vun sien Swedentour wedder torüch na Haithabu. He harr as ümmer veel sehn un ok veel to vertellen. Bi Met un Swiensha-xen hören em de Wikinger in Haithabu to, wat he so to vertellen harr. „Ji glöövt gor nich, wat dat in Sweden so allens gifft. De hebbt sogor en Wedderstatschoon dor!" vertell Rollo. „Wi funktschoneert denn so en Wedderstatschoon?" fraag Lütt Wickie nieschierig na. „Nu, dat Ganze is en Dreebeen un in de Mitt is en Steen fastbunnen, de in den Diek steiht. Un so funktschoneert de Wikingerwedderstatschoon: Is de Steen natt, regent dat, is de Steen witt, sniet dat, is de Steen dröög, schient de Sünn dorop. Doch dat weer noch nich allens. Is de Steen nich mehr to sehn, is Nevel, is de Steen sogor in't Water fullen , hett dat en Eerdbeven geven, un dampt de Steen, so gifft dat na en Regenschuer en grote Hitten. So funktschoneert de Wingerwedderstatschoon!" All weren se so begeis-tert, dat se den annern Dag anfungen, för Haithabu en Wikingerwed-derstatschoon to buen. Nu hett Haithabu sien egen Wikingerwedder-statschoon.

## De Saag vun den Bruutsee

Vör vele Johren, as de Bruutsee in Sleswig noch rundum Woold harr un dorum en lütte weer, schall sik hier düsse Saag afspeelt hebben.
In't lütte Dörp St. Jürgen wahn en rieke Buer, de harr en smucke Dochter, se harr sik in en arme Knecht verleevt, un em sworen, em tru to sien. Ja, so weer dat fröher. De Vadder wull sien Dochter to Pingsten mit en rieken Hufner verheiraden. Dat wullen de jungen Lüüd aver nich so geern. An'n Avend vör de Hochtiet dreep sik dat verleevte Poor en letztes Mal, an en groten Steen an de See, de hüüt noch an dat Över stahn schall. As nu an'n annern Morgen de Bruut un den Brüdigam mit de ganze Verwandschop över den See to Stadt fohr, klungen op eenmal de Dodenklocken, as weer dat bi en Beerdigung un nich op en Hochtietsfier. In düssen Momang keem en gewaltigen Störm, dat Boot kenter un all Lüüd verloren ehr Leven op See. All Lieken vun de Hochtietssellschop kunnen later funnen warrn, bit op de Bruut. Siet denn kümmt in jede Pingstnacht en smucke Deern in prachtvulle Kleder ut den See, se sett sik op en Steen an dat Över un singt un kämmt ehr langes blodes Hoor, bit in den griesen Morgen. Denn haut se wedder af in den See, de na ehr vun nu an „Bruutsee" heet.

## In Sleswig regeren wedder de Wikinger

Jedes Johr in'n Sommer is dat sowiet, denn is Sleswig in Wikingerhand.
Rollo, Hägar un Wickie wie se all mit Naam heten, kaamt na Sleswig un
regeren op de Königswiesen, dor is denn düchtig wat los. Hier speelt
sik dat Leven af, so as se för dusend Johren in Haithabu leevt un ar-
beidt hebbt. Dat weer bestimmt keen Zuckerslicken. Dor warrt op den
Königswiesen en Wikingerdörp opbuut, in de Mitt brennt dat Füer un
rundherum kannst de Noordmänner bi de Arbeit tokieken. De Smitt
wiest, woans he en Sweert maakt, de Schriftsetter woans he de ole Ru-
nenschrift in de Steen rinmeißelt, ok wie Smuck un Tüüch herstellt warrt
kannst bekieken. De Wikingerfruuns wüssen domals ok al, wat schöön
weer. En freedliche Volk weren se bestimmt nich ümmer. De Mannslüüd
weren ümmer ünnerwegens, um Büüt to maken, so weer dat vör över
dusend Johren.
Hüüt bi de Wikingerdaag warrn op den Königswiesen freedliche Spele
vörföhrt. De Noordmänner kaamt vun wiet her, ut Skandinavien kaamt
denn Wikingers mit ehr Schipp. Bi't Infohren in den Haven warrt op
en Hoorn tuut. Dormit warrt ankünnigt, dat se in Freden kaamt. To'n
Begröten gifft dat Met, denn warrt fiert bet to'n Avend hen. Wenn dat
düüster is, warrt mit brennen Piels en Wikingerfüer anmaakt un de Wi-
kingerdaag sünd vörbi. Bet anner Sommer regeert in Sleswig wedder de
Börgermeister.

## Oldtimerrallye an de Slie

Letzten Sünndag weer wat los in Sleswig un ümto. De Oldtimerfrünnen harrn to en Oldtimerrallye dörch de schöne Landschop an de Slie inlaadt. Polizist Hansen harr veel to doon, dormit de Sekerheit kloor güng. De Landarzt worr inspannt för de Nootfall, wenn doch noch wat passeren dee. As ümmer weer in de Kneipe bi Asmuss düchtig wat los. De Stammdischbröder seten al mal an'n Disch. Ok Horst mit sien Swedenauto leet sik dat nich nehmen, dor mit to fohren. Is dat nich schöön hier an de Slie, de gelen Rapsfeller blöht un rüükt fein, de Sünn schient, de Stimmung is goot, wat will man mehr. Op eenmal geev dat en Knall, merrn op de Brüch twüschen Angeln un Schwansen. Ok dat noch, nu klingel de Isenbahnpahl un de Schranken güngen daal, glieks keem de Angeln- Express un de Oldtimer stünn merrn op de Brüch. Wat hüüt in en Oldtimer nich fehlen dörv, is en Handy. Gau reep Horst bi den Bahnhoff in Süderbrarup an un vertell den Schaffner, dat he op de Brüch stünn un nu nich mehr weg kunn, denn sien Motor weer in de Grütt gahn. Intwüschen weer Polizist Hansen ok al dor un sorg för Ordnung. De Schaffnersee to Horst, dat glieks Hölp kamen wörr. Horst worr ganz mulmig toweeg. Do keem de Bahn ok al ganz langsam anfohrt. Wat harr de denn vör den Bug? En Matratz. Do reep em de Schaffner an un vertell Horst, dat de Bahn sien Oldtimer ganz langsam op de Straat schuven dee. Horst kunn dat nich glöven. Nu schull dat losgahn, de Bahn fohr nu ganz langsam mit den Oldtimer vun Horst bit na de Schranken hen. Dor harr sik al de ganze Stammdisch versammelt un all holpen Horst, sien Swedenauto wedder flott to maken. Dat duer ok nich

lang un sien ole Auto weer wedder mobil, „Wenn de Oldtimerrallye vörbi is, laadt ik ju all bi Asmuss to en Beer in!" Dat wer en feine Idee vun Horst un all freuen sik op den Avend.

## Punschvergnögen op de Möweninsel

An dat verleden Wuchenenn kunn man to Foot op de Möweninsel spazeren gahn.

„Väterchen Frost" ut Russland harr dorför sorgt, he harr dat Regiment nich blots op de Slie övernahmen. Ok de Oostsee wer dichtfroren, kunnst nu vun Düütschland na Däänmark to Foot över de Oostsee lopen. Plietsche Punschverköper harrn sik op de Möweninsel en Stand opbuut, um hitten Punsch to verkopen. Dat Ganze weer ok för en goden Zweck.

Vele Lüüd weren al op de Möweninsel to sehn. Ok Fiede wull sik op de Möweninsel en warmen Punsch halen, de kunnst bi de Fröst ok goot hebben. En iesigen Wind ut Oosten keem över't Land, dat man froh weer, wenn man wat Warmes to drinken harr. För de Kinner geev dat warmen Kakao. Op de Möweninsel weren ok twee Archäologen, „Wat söken ji denn dor?" fraag Fiede nieschierig. „Wi söken den Ingang vun de Tunnel na den St. Petri Dom!" antern de Schatzsöker. Fiede kunn dat nich glöven, de hebbt woll al toveel Punsch hatt, dach he sik.

Doch wat weer dat? Rund um de Insel fung dat an to knacken un to smölten.

Wie kunn dat denn nu angahn? fragen sik de Lüüd. De Sünn schien nich, un dat Ies weer ümmer noch hart. Do kemen de twee Archäologen wedder an, Fiede fraag de beiden Studeerten:

„Köönt ji mi vertellen, worüm dat Ies um de Möweninsel to smölten anfangt?"

„Naja, dat is ganz eenfach, dat kümmt vun den hitten Punsch, hier is al soveel drunken worrn, dat dat Ies anfangen deit to smölten!" Fiede kunn dat nich glöven. „Wöllt ji mi op den Arm nehmen? Eerst vertellst mi, dat du en Tunnelingang söchst, un denn willst mi vertellen, dat dat Ies vun den hitten Punsch smölt!" Fiede weer an't Överleggen, wat he nich al toveel Punsch harr. „Nu kunnen wi en Tunnel goot hebben!" menen de beiden Archäologen, aver hier weer keen Tunnel to finnen, weer woll doch blots en Saag. Do keem ok al Heinz vun de Füerwehr an un vertell dörch dat Mikrofon: „Leve Lüüd, wegen dat Dauwedder mööt wi de Möweninsel wedder verlaten!" Dor, wo dat Ies al smölten weer, worrn Bohlen henleggt, dormit de Lüüd keen natte Fööt kregen. Fiede weer nu froh, dat doch allens sien Richtigkeit harr, un güng froh na Huus. Ob Antje, sien Fruu, em dat wohl allens glöven dee, wat he hier hüüt beleevt harr? An'n besten is, he behöllt dat för sik, anners meent se noch, Fiede hett toveel Punsch hatt.

## Sleswiger Floh- un Fischmarkt

All veer Weken is an den Sleswiger Haven Floh- un Fischmarkt. Hüüt an'n Sünndag is dat wedder sowiet, de Sünn schient un laadt to'n Bummeln dörch den Sleswiger Haven in. En Masse Lüüd sünd al an dne Haven to sehn. Wat du dor allens köpen kannst, höllst nich för möglich. En ole Sofa, wo de Feddern al rutkieken doot. En ole Plattenspeler mit Vinyl un Schellackplatten. Kannst ok vele Antiquitäten kopen, Breefmarken, Möbel, Böker un Münzen, kannst allens kriegen. Un Hannelslüüd mit sülven maakte Keramikvasen. „Is dien Waschmaschien in de Grütt gahn, koop di en Waschbrett" is luut to hören. Hest keen Arger, wenn de Stroom utgeiht. En ole Stallfinster mit Spegelglas oder ole Swattwittfotos kannst du hier günstig kriegen, wenn du Glück hest, kannst ok um den Pries hanneln un en Masse Geld sporen. Dor achtern is en Stand mit ole Smöker to'n Lesen. Kannst wiss en Masse ole Kraam köpen. Ik heff hier noog sehn un gah nu na den Fischmarkt. Dat is hier nich so as in Hamborg, dat di de Bananen an den Kopp flegen doot, Hier geiht dat noch en beten suutje to. Dor is de Holmer Fischer Jörn, bi em gifft dat frische Slieheerns un sülven maakte Fischbrötchen. De Lüüd freut sik över de frischen Heerns ut de Slie. Frisch vun't Boot smeckt de doch an'n besten. Denn man goden Appetit.

## Sleswiger Morgennevel

De Sommer is vörbi, nu kümmt de Harvst wedder. De eersten Blääd
liggt op de Straat, de Feller sünd swatt. Männich en Vagel maakt en Reis
na Afrika, dor is dat wärmer as bi uns. Hier is dat al ganz schön koolt.
Morgens treckt de eersten Nebelswaden över't Land, dorbi kannst ok
wat beleven. Eerst nülich morgens, dat is so um Klock söven. Ik fohr to
Arbeit un fohr dörch de Stadt. So bi't Fohren denk ik, büst noch richtig
hier? Dat kummt mi doch allens en beten frömd vör. Hett de Sleswiger
Dom keen Toorn mehr? Ok de Wiking-Toorn is nich mehr to sehn, is he
in de Slie afsapen? Sünd de Geister hüüt Nacht hier weest? Ne, ne, dat is
de Nevel, de hett se all verslungen. So gegen Middag is dat ganze Spekta-
kel vörbi, nu is de Nevel in London un verslingt den Big Ben.

# Wiehnachtsgeschichten

### De richtige Dannenboom

Bald is Hilligavend un wi hebbt noch ümmer keen Wiehnachtsboom, stell Heinz fast.

Nu warrt ok Tiet, sik en Boom to besorgen. Heinz un Inge gungen na den Förster hen, um sik en Verlööv to halen, in'n Woold en Dannenboom to besorgen.

Bi't Wiehnachtsboom utsöken kannst allerhand beleven, de besten Bööm weren ok al weg. Dat is gor nich so licht, den richtige Boom to finenn. „Kiek hier, Inge, is dat nich en feine Boom?" freu sik Heinz. „Ne, dat is doch nich dien Eernst. De süht ut as uns Naver, veel to dick!" „As du meenst, Inge!" see Heinz. „Kiek di den Boom hier an, Heinz, de is doch ganz schöön oder wat meenst Du?" „De is mi to dünn. süht ut as en uthungerten Heern!"

„Du büst ok mit gor nix tofreden!" Na en halve Stünn in en Lichtung. „Kiek dor, Inge is dat nich en schöne Boom för uns?" „Ja, Heinz, dat is jüst de richtige Boom för Wiehnachten!" Endlich, nun harrn se en Dannenboom funenn, wo se beide een Menen weren. Doch wat weer nu los? Inge harr Bedenken anmellt. „Meenst nich ok, Heinz, dat de Boom veel to schöön is ‚um em in de Stuuv to stellen?" „Wat is nu mit Di los, hest woll Mitleed mit den Boom?" see Heinz forsch. „Wi köönt uns ok en Plastikboom ut den Supermarkt besorgen, de kannst anner Johr wedder bruken, bruukst blots den Stoff vun't ganze Johr wegwischen, wat höllst denn dorvun?" fraag Heinz. „Ne, so en Plastikboom kümmt mich nich in de Stuuv, dor is mi düsse Boom doch lever!" „Ja, Inge dat is fein!" Un saag den Boom af.

So hebben se doch de richtige Dannenboom för dat Wiehnachtsfest funnen.

## De Wiehnachtsmann- Express

An'n tweeten Advent is in Angeln ümmer wat los, denn is dat wedder sowiet, de Wiehnachtsmann fohrt mit de Museumsbahn vun Kappeln na Süderbrarup. Veel Lüüd sünd al op den Bahnhoff in Kappeln an de Slie. För vele Kinner is dat ümmer en Beleevnis.

So um Klock twee damp de Swedin twee Stünnen dörch de schöne Landschop Angeln.

Op halve Streck fung de Wiehnachtsmann an, de lütten Kinner mit Sötes, Obst un Pepernööt to beschenken. Rike un Ole harrn sik ok wat för den Wiehnachtsmann utdacht:

„Oh Wiehnachtsmann, vergeet uns düt Johr nich. Wi weren ok ümmer ordig un köönt ok en Gedicht opseggen. Wi harrn so geern en Isenbahn un en lüttje Popp.

Ok Appelsinen un Marzipan harrn wi geern. Jedes Johr in de Wiehnachtstiet wöllt wi an di schrieven. Wi wünscht uns för all Lüüd, dat se tofreden blieven!"

De Wiehnachtsmann wer anröögt vun dat Gedicht. Dat dat sowat noch geven dee!

He greep in sien vullpackten Sack un haal en groten Wiehnachtsmann ut Marzipan rut. Do lüchen de Kinnerogen. För de Öllern geev dat ok wat Feines to'n Opwarmen, en schöne Tass Pharisäer oder en Glas Punsch. Mit Vulldamp fohren wi wedder torüch na Kappeln.

Bi Futtjes un Kaffe vergung de Fohrt mit den „Weihnachtsmann-Express" as bi't Flegen.

För all de mitfohren, weer dat en schönen Namiddag, un all freuen sik op Hilligavend.

## Leve gode Wiehnachtsmann ...

Dat ganze Huus rüük na sülven backte Pepernööt un brennte Manneln.
Ut Radio höör man Wiehnachtsleder.
In de Köök worr de Wiehnachtsbraden torechtmaakt. Mit eenmal pingel
dat an de Huusdöör. Wokeen kunn dat woll sien? Vadder gung na de
Döör hen, gung mit den Besöök glieks in de Stuuv rin. Dat weer allens
so heemlich un still, bit de Wiehnachtsklock lüden dee, wat soveel heten
de, man kunn in de Stuuv. Oh man, de Besöök weer de Wiehnachts-
mann.
Wi Kinner kregen all en roden Kopp. „Goden Avend mien Kinner, sünd
jem denn dat ganze Johr ok över leev ween?", fraag de Wiehnachtsmann
de Kinner mit sien depe Stimm. Bi de Kinner keem blots en lies „Ja"
rut. Nu greep he in sien vullpackten Sack un haal, wat weer dat, en Rute
rut. Wat nu! Schullen wi blots en Rute kriegen? Weer dat allens, wat de
Kinner hebben schullen? Man weer ja nich op den Kopp fullen, gau en
Wiehnachtsgedicht vertellt: „Leve gode Wiehnachtsmann, kiek uns nich
so trurig an, pack dien Rute wedder in, wüllt ok immer ordig sien", Nu
harr de Wiehnachtsmann woll markt, dat de Kinner sik Mööchde geven
hebbt. He greep nochmal in sien Sack, un geev de Kinner Geschenken,
en Maalbook un en poor Sötigkeiten. De Kinner hebbt sik över den Be-
söök vun den Wiehnachtsmann freut, harr he se doch nich vergeten.

## Is denn al Wiehnachten?

Heinz weer güstern in'n Supermarkt inkopen, man mutt jo wat to eten hebben, dat weer sien Motto. He harr vun sien Fru Inge en groten Inkoopszeddel kregen, dormit he ok nix vergeten dee. Wat se allens hebben wull, Obst, Gemüse un noch veles mehr, wokeen schull dat allens eten? Dat meiste harr he al in sien Korv binnen, fehl blots noch en beten Kekse, un Koken harr Inge ok mit opschreven. Heinz keem in de Kokenafdelen rin, dat du de Nees in't Gesicht behöllst, dor geev dat al de eersten Wiehnachtskoken, Stollen, Levkoken, Spekulatius un de eersten Schokoladenwiehnachtsmänner in de Regalen. Wi hebbt September, de Sommer is noch nich ganz vörbi, do warrn wi al mit Wiehnachtskekse överschütt. Wi hebbt noch de Sommertiet, un denken wiss noch nich an de kole Wintertiet. Oder mööt wi uns doch al Gedanken för de Wiehnachtstiet maken? Beten fröh is dat ja doch, un de Tiet löppt so gau. Na ja, denn legg sik Heinz doch al de eersten Spekulatius in den Korv rin. Un för Sünndag geev dat nu de eerste Stollen to'n Fröhstück, mal sehn, wat Inge seggt.

## Wiehnachtsmann mit lütte Fehlers

So kort vör Wiehnachten mööt noch en poor Besorgungen maakt warrn. Sühst vele Lüüd dörch de City lopen, de na Geschenken keken. Doch ehr dat Geld utgeven losgung, worrn eerstmal de Angebote in de Zeitung studeert, ob dor wat Passendes to finnen is. So bi't Dörchblädern fallt en Annonce ganz besünners op, dor stunn binnen: „Angebot der Woche, Wiehnachtsmann mit lütte Fehlers to verkopen", mehr stunn nich binnen. Wat ümmer dat heten dee, schullen wi nich noch en poor Sötigkeiten för de Neffen un Nichten kopen?. Nieschierig as man is, müss man genau weten, wat dat för Wiehnachtsmänner sünd. Masse Lüüd stunnen al vör dat Schauienster, dor weer en grote Plakat to sehn. „Günstig aftogeven, Wiehnachtsmänner mit lütte Fehlers, im Angebot", stunn dor op. As Ole sülven vör dat Schaufinster stunn, dach he, he keek nich richtig. Dat weren keee Wiehnachtsmänner, dat weren Oosterhasen, de Rest vun de Oosterprodukschoon, de se nu as Wiehnachtsmänner mit lütte Fehlers verkopen wullen. Nu vertell man mal de lütten Kinner, dat dat Wiehnachtsmänner sien schöllt. Hest al mal en Wiehnachtsmann mit en Oosterei sehn? Ne, oder hest al mal en Oosterhaas mit en Ruut sehn? Ok nich. Wat leevt wi doch in en verückte Welt. Wi hebbt Wiehnachten, dat schönste Fest för uns all. Ob riek, ob arm, ob gesund, ob krank, wünschen wi uns doch all eens Freden op de ganze Welt, woll dat schönste Geschenk för uns all.

## Stroomutfall

Noch twee Stünnen bit to de Bescherung. Vull Ungedüer seten de Grote, de Dicke un de Lütte vör den Feernseher. Langsam leep de elektrische Klock an de Wand. Siet Stünnen snie un störm dat buten vör't Huus. De witte Pracht nehm keen Enn. „Endlich hebbt wi wedder witte Wiehnachten!" freu sik Mudder, wieldess Vadder ut Finster keek un meen, „Bi soveel Snee müch ik nu nich op de Straten sien."
Op eenmal geev dat en Flackern in de Stuuv. De Feernseher gung ut un wi seten in'n Düüstern.
„Stroomutfall?" fraag Mudder. „Villicht is blots de Sekerung dörch-knallt!" beruhig Vadder un lüch mit en Striekholt an den Sekerungskassen rum. De weer in Ordnung.
„En schöne Bescherung, Wiehnachten ohn brennen Lichten an'n Boom hebbt wi al lang nich mehr hatt!", vertell Mudder, as se na en halve Stünn ümmer noch keen Stroom harrn. „Hebbt wi op'n Böhn nich noch uns ole Lichtenholers vun Oma?" fraag Vadder.
„Ik glööv woll, blots wo de genau liggen doot?" Dat wüss ok keen. Mit en Taschenlamp maken wi uns op de Söök. Mudder un Vadder söchen in ole Kisten un Schappen rum.
Hier irgendwo müss dat doch allens liggen.
Dat duer noch en beten, dann funnen se dat. Gollen Metalllichtenholer un rote Wasslichten funnen wi ok noch. As wi den Böhn verlaten deen, nehm Mudder noch en ole stövige Book mit un Vadder en versleten Gitarr. Gau worr dat Kabelgetüdel vun den Boom wegnahmen un de olen Lichten anmaakt. Nu weer Bescherung Wat weer dat en schöne Wiehnachtsboom worrn mit echte Lichten ut Wass. De moderne Wiehnachtsmusik vun'n CD- Player full wegen Stroomutfall ut. Dorför speel Vadder op de ole Gitarr, un wi hebbt dorto de schönsten Wiehnachtsleder sungen. Unse Geschenken, en Computerspeel un Joystick legen ohn Leven ünner'n Wiehnachtsboom, denn de Saft ut de Steckdoos fehl uns ja.
Um uns to trösten, vertell uns Mudder ut dat stövige Book bi Wasslicht besinnliche Wiehnachtsgeschichten. Wat fein se dat kunn. Dat weer de schönste Hilligavend den wi fiert hebbt. Wat mutt dat Wiehnachtsfest fröher schön west sien, in en Tiedt as dat noch keen elektrische Licht

geev un de Familien to Wiehnachten noch sülven Leder un Geschichten
vertellt hebbt.

# Buch über die TV-Serie „Küstenwache"

Am 7. Mai 1996 fiel die erste Filmklappe, seit April 1997 wird sie im Fernsehen ausgestrahlt: die Serie „Küstenwache". Die gezeigten Kriminalfälle werden überwiegend erfolgreich gelöst und in einer Fernsehfolge abgeschlossen. Dem Charakter einer Polizeiserie entsprechend werden fast alle Formen von schweren Straftaten thematisiert: so kommen Morde, Entführungen, Erpressungen, Überfälle, aber auch Vergehen mit maritimen Hintergrund wie Schmuggel, Giftmüll-Transporte, Fischerei-Delikte in der „Küstenwache" vor. Dieses Buch gibt einen Abriss von Inhalten der Folgen, die Hauptdarsteller werden vorgestellt und das Buch listet prominente Gastdarsteller auf. Abgerundet wird der Inhalt durch interessante Interviews mit einigen Schauspielern. ISBN-13: 978-3-7460-3708-0. Preis: 9,99 Euro. www.FoTe-Press.de/produkte.

# Buch: Die Schleiregion - eine Landschaft wie im Film

Keine andere Region Schleswig-Holsteins hat in den vergangenen Jahrzehnten so oft und so regelmäßig die Kulisse in Film- und Fernsehfilmen abgegeben wie die Schleiregion mit Angeln und Schwansen.

Im Frühjahr 2006 hat die Serie „Der Landarzt" ihr 20jähriges Jubiläum. Aus diesem Anlass erscheint dieser Reisebegleiter durch die Schleiregion, der alles Sehenswerte streift, die Leser aber insbesondere an jene Schauplätze führt, die einem Millionenpublikum aus Serien, Mehrteilern und Fernsehfilmen bekannt sind.

„Wo liegt denn eigentlich Deekelsen?", fragen Touristen immer wieder. Gedreht wur-

de „Der Landarzt" von 1986 bis 2012 zu einem großen Teil in Kappeln an der Schlei, aber auch an vielen anderen malerischen Orten in einem Umkreis von etwa 30 Kilometern in der Hügellandschaft Angelns.

Zahlreiche weitere beliebte Film- und Fernsehprojekte wurden und werden ebenfalls in dem landschaftlich reizvollen Gebiet zwischen Schlei und Ostsee produziert, wie beispielsweise „Onkel Bräsig", „Bauern, Bonzen, Bomben", „Der Stechlin" oder ganz aktuell „Der Fürst und das Mädchen" sowie „Da kommt Kalle".

Die Schleiregion mit Angeln und Schwansen ist eine Urlaubsregion, die Strand, Rad- und Wanderwege, idyllische Dörfer und Gutshäuser sowie zahlreiche Sportmöglichkeiten bietet. ISBN: 978-3-8042-1184-1.

# Diagnose langlebig: Der Landarzt

Es ist ein tolles Nachschlagewerk über die Fernsehserie „Der Landarzt". Ein interessantes Buch mit vielen Informationen über die TV-Serie, einer genauen Beschreibung „Wo ist Deekelsen" (den genauen Drehorten) und vielen Fotos von den Dreharbeiten. Tolle Setfotos, Szenenfotos, Portraits und Gruppenfotos von den Darstellern der Serie. Von den Anfängen mit Christian Quadflieg, Walter Plathe bis Wayne Carpendale. Ausführlich geht der Autor auf die Anfänge mit Uschi Glas ein, die während der Dreharbeiten schwanger wurde und die Filmarbeiten beenden musste. Gila von Weitershausen übernahm die Rolle der Annemarie Mattiesen, die den Fernsehzuschauern als beliebte Lehrerin aus Deekelsen bekannt ist. Alle bis zum Jahr 2010 ausgestrahlten Folgen sind chronologisch aufgelistet, zudem stellt der Autor die Hauptdarsteller detailliert vor. Zudem gibt es das Kapitel „gestorben in Deekelsen". Dort beschreibt der Autor, wer in den vergangenen Jahren verstorben ist. Das Buch „Diagnose langlebig: Der Landarzt" gibt es unter www.FoTe-Press.de/produkte und in jeder Buchhandlung. ISBN-13: 978-3-8391-3285-2, Preis: 9,99 Euro.

## Hochglanzmagazin: Diagnose langlebig:„Der Landarzt"

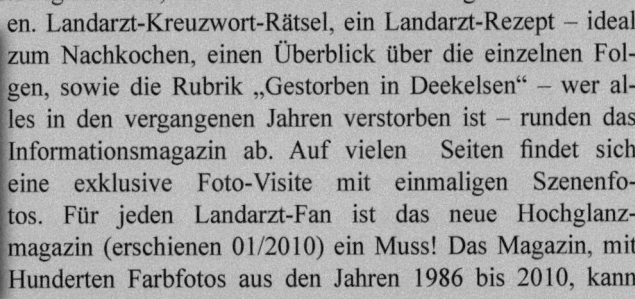

Seit dem Jahr 2000 begleitet Matthias Röhe die Dreharbeiten am Set des Landarztes und kennt sich mit der Serie gut aus. Neben einem ausführlichen Landarzt-ABC mit Begriffserklärungen zur Serie werden aktuelle wie auch frühere Darsteller portraitiert. Von Christian Quadflieg über Walter Plathe bis hin zu Wayne Carpendale. Auch prominente Gastdarsteller finden im Magazin ihren Platz: Die Ministerpräsidenten Björn Engholm und Peter-Harry Carstensen beispielsweise. „Wir haben Fotomaterial von Uschi Glas, die 1986 die weibliche Hauptrolle besetzte und wegen ihrer Schwangerschaft die Dreharbeiten abbrechen musste. Etwa 60.000 D-Mark wurden damals in den Sand gesetzt", gibt Matthias Röhe einige Details preis. Einen weiteren Schwerpunkt bildet die Rubrik „Wo ist Deekelsen" mit vielen Geheimtipps über die Drehorte. Hunderte Touristen aus ganz Deutschland, Österreich und der Schweiz kommen nach Schleswig-Holstein, um sich die Drehorte im Original anzuschauen. Landarzt-Kreuzwort-Rätsel, ein Landarzt-Rezept – ideal zum Nachkochen, einen Überblick über die einzelnen Folgen, sowie die Rubrik „Gestorben in Deekelsen" – wer alles in den vergangenen Jahren verstorben ist – runden das Informationsmagazin ab. Auf vielen Seiten findet sich eine exklusive Foto-Visite mit einmaligen Szenenfotos. Für jeden Landarzt-Fan ist das neue Hochglanzmagazin (erschienen 01/2010) ein Muss! Das Magazin, mit Hunderten Farbfotos aus den Jahren 1986 bis 2010, kann unter www.FoTe-Press.de/Deekelsen bestellt werden und kostet nur 3,99 Euro.

# Danke Landarzt – 26 Jahre rezeptfreie Unterhaltung

„Der Landarzt", ein Projekt, das sich im Laufe der Zeit zu einer der erfolgreichsten Familienserien im deutschen Fernsehen entwickelt. Die Serie mit Christian Quadflieg, Walter Plathe und von 2008 bis 2012 mit Wayne Carpendale in der Hauptrolle ist einer der wenigen Dauerbrenner auf dem Fernsehbildschirm. Zudem ist sie eine der am längsten laufenden Arzt- beziehungsweise Familienserien in der Fernsehgeschichte. In diesem Buch stellt Autor Matthias Röhe die Darsteller vor, beschreibt die Drehorte der Serie und zeigt eine Auflistung aller bisher gezeigten Folgen. Das große Landarzt-ABC mit Begriffen rund um die Serie, Interviews mit Gerhard Olschewski, Franziska Troegner und weiteren Darstellern, eine umfangreiche Vorstellung prominenter Gastdarsteller runden den Inhalt dieses Buches ab. Das Highlight dürften die zahlreichen Fotos von den Dreharbeiten sein. Set-Fotos, Arbeitsfotos, Portraits und Szenenfotos stellen einen großen Teil dar. In Fanbuch für alle Landarzt-Fans. Von der ersten bis zur letzten Filmklappe (1986 bis 2012). Danke Landarzt – 26 Jahre rezeptfreie Unterhaltung. ISBN: 978-3-7357-7921-2. Preis: 9,99 Euro. www.FoTe-Press.de/produkte.

# Der Landarztfotograf – ein Portrait

Die Vorabendserie „Der Landarzt" ist ein Projekt, das sich im Laufe der Zeit (seit 1987) zu einer der erfolgreichsten Familienserien im deutschen Fernsehen entwickelt hat. Der Schleswiger Fotograf Kai Labrenz war von 1992 bis 2007 zum Teil als einziger Fotograf am Set und konnte einzigartige und exklusive Fotos mit seiner Spiegelreflexkamera einfangen. In dem Buch „Der Landarztfotograf" werden Erlebnisberichte von Kai Labrenz über die Dreharbeiten wiedergegeben – mit aussagekräftigen Fotos versehen. Set-Fotos, Arbeitsfotos, Portraits sämtlicher Haupt- und Nebendarsteller, sowie schöne Szenenfotos sind in diesem Buch enthalten. Freuen Sie sich auf tolle Fotos von den Klatschtanten aus Deekelsen, dem Landarzt Dr. Uli Teschner, Pastor Eckholm, sowie vielen Schwestern aus der Praxis. Für Fans der TV-Serie ist dieses Buch ein unbedingtes Muss im Bücherregal. Neben Erlebnisberichten und zahlreichen Fotos enthält dieses Werk zudem das Kapitel „Mit Kai Labrenz auf den Spuren des Landarztes". Sie bekommen interessante Hintergründe zu den genauen Drehorten der Serie. Der Fotograf Kai Labrenz, geboren 1961: über eine Ausbildung zum Bauzeichner erwachte sein Interesse an der Fotografie. Foto-Dokumentationen der Dreharbeiten zu vielen bekannten TV-Serien und –Produktionen wie „Tatort", „Der Fürst und das Mädchen" oder „Der Landarzt". Fotograf des Titels „Filmland Schleswig-Holstein". „Der Landarztfotograf", BoD, ISBN: 978-3-7347-5528-6. www.FoTe-Press.de/produkte.